Sigmund Freud

Abriss der Psychoanalyse

SIGMUND FREUD

ABRISS DER PSYCHOANALYSE

NIKOL
VERLAG

Der »Abriss der Psychoanalyse« ist im Juli 1938 begonnen worden und ist unfertig geblieben. Die Arbeit bricht im III. Teil ab ohne Hinweis darauf, wie weit oder in welche Richtung ihre Fortsetzung beabsichtigt war. Das 3. Kapitel ist im Gegensatz zum übrigen Manuskript schlagwortartig mit Gebrauch vieler Abkürzungen niedergeschrieben. Es ist hier zu Sätzen ergänzt worden. Der Titel des I. Teils ist einer späteren Fassung (Oktober 1938) entnommen.

MIX
Papier | Fördert gute Waldnutzung
FSC® C083411
FSC www.fsc.org

2. Auflage 2023

Satz & Layout: Nikol Verlag, Hamburg
Umschlaggestaltung: Nele Schütz Design unter Verwendung von shutterstock/Picksell
Druck: CPI Moravia Books s.r.o.
Printed in the Czech Republic

ISBN: 978-3-86820-621-0

Besuchen Sie uns im Internet:
www.nikol-verlag.de

INHALT

Erster Teil
DIE NATUR DES PSYCHISCHEN

Zweiter Teil
DIE PRAKTISCHE AUFGABE

Dritter Teil
DER THEORETISCHE GEWINN

Erster Teil

DIE NATUR DES PSYCHISCHEN

I. Kapitel

Der psychische Apparat

Die Psychoanalyse macht eine Grundvoraussetzung, deren Diskussion philosophischem Denken vorbehalten bleibt, deren Rechtfertigung in ihren Resultaten liegt. Von dem, was wir unsere Psyche (Seelenleben) nennen, ist uns zweierlei bekannt: erstens das körperliche Organ und der Schauplatz desselben, das Gehirn (Nervensystem), andererseits unsere Bewusstseinsakte, die unmittelbar gegeben sind und uns durch keinerlei Beschreibung nähergebracht werden können. Alles dazwischen ist uns unbekannt, eine direkte Beziehung zwischen beiden Endpunkten unseres Wissens ist nicht gegeben. Wenn sie bestünde, würde sie höchstens eine genaue Lokalisation der Bewusstseinsvorgänge liefern und für deren Verständnis nichts leisten.

Unsere beiden Annahmen setzen an diesen Enden oder Anfängen unseres Wissens an. Die erste betrifft die Lokalisation. Wir nehmen an, dass das Seelenleben die Funktion eines Apparates ist, dem wir räumliche Ausdehnung und Zusammensetzung aus mehreren Stücken zuschreiben, den wir uns also ähnlich vorstellen wie ein Fernrohr, ein Mikroskop u. dgl. Der konsequente Ausbau einer solchen Vorstellung ist ungeachtet gewisser bereits versuchter Annäherung eine wissenschaftliche Neuheit.

Zur Kenntnis dieses psychischen Apparates sind wir durch das Studium der individuellen Entwicklung des menschlichen Wesens gekommen. Die älteste dieser psychischen Provinzen oder Instanzen nennen wir das *Es;* sein Inhalt ist alles, was ererbt, bei Geburt mitgebracht, konstitutionell festgelegt ist, vor allem also die aus der Körperorganisation stammenden Triebe, die hier einen ersten uns in seinen Formen unbekannten psychischen Ausdruck finden.[1]

Unter dem Einfluss der uns umgebenden realen Außenwelt hat ein Teil des Es eine besondere Entwicklung erfahren. Ursprünglich als Rindenschicht mit den Organen zur Reizaufnahme und den Einrichtungen zum Reizschutz ausgestattet, hat sich eine besondere Organisation hergestellt, die von nun an zwischen Es und Außenwelt vermittelt. Diesem Bezirk unseres Seelenlebens lassen wir den Namen des *Ichs.*

Die hauptsächlichen Charaktere des Ich. Infolge der vorgebildeten Beziehung zwischen Sinneswahrnehmung und Muskelaktion hat das Ich die Verfügung über die willkürlichen Bewegungen. Es hat die Aufgabe der Selbstbehauptung, erfüllt sie, indem es nach außen die Reize kennenlernt, Erfahrungen über sie aufspeichert (im Gedächtnis), überstarke Reize vermeidet (durch Flucht), mäßigen Reizen begegnet (durch Anpassung) und endlich lernt, die Außenwelt in zweckmäßiger Weise zu seinem Vorteil zu verändern (Ak-

---

1 Dieser älteste Teil des psychischen Apparates bleibt durchs ganze Leben der wichtigste. An ihm hat auch die Forschungsarbeit der Psychoanalyse eingesetzt.

tivität); nach innen gegen das Es, indem es die Herrschaft über die Triebansprüche gewinnt, entscheidet, ob sie zur Befriedigung zugelassen werden sollen, diese Befriedigung auf die in der Außenwelt günstigen Zeiten und Umstände verschiebt oder ihre Erregungen überhaupt unterdrückt. In seiner Tätigkeit wird es durch die Beachtungen der in ihm vorhandenen oder in dasselbe eingetragenen Reizspannungen geleitet. Deren Erhöhung wird allgemein als *Unlust,* deren Herabsetzung als *Lust* empfunden. Wahrscheinlich sind es aber nicht die absoluten Höhen dieser Reizspannung, sondern etwas im Rhythmus ihrer Veränderung, was als Lust und Unlust empfunden wird. Das Ich strebt nach Lust, will der Unlust ausweichen. Eine erwartete, vorausgesehene Unluststeigerung wird mit dem *Angstsignal* beantwortet, ihr Anlass, ob er von außen oder innen droht, heißt eine *Gefahr.* Von Zeit zu Zeit löst das Ich seine Verbindung mit der Außenwelt und zieht sich in den Schlafzustand zurück, in dem es seine Organisation weitgehend verändert. Aus dem Schlafzustand ist zu schließen, dass diese Organisation in einer besonderen Verteilung der seelischen Energie besteht.

Als Niederschlag der langen Kindheitsperiode, während der der werdende Mensch in Abhängigkeit von seinen Eltern lebt, bildet sich in seinem Ich eine besondere Instanz heraus, in der sich dieser elterliche Einfluss fortsetzt. Sie hat den Namen des *Über-Ichs* erhalten. Insoweit dieses Über-Ich sich vom Ich sondert und sich ihm entgegenstellt, ist es eine dritte Macht, der das Ich Rechnung tragen muss.

Eine Handlung des Ichs ist dann korrekt, wenn sie gleichzeitig den Anforderungen des Es, des Über-Ichs und der Realität genügt, also deren Ansprüche miteinander zu versöhnen weiß. Die Einzelheiten der Beziehung zwischen Ich und Über-Ich werden durchwegs aus der Zurückführung auf das Verhältnis des Kindes zu seinen Eltern verständlich. Im Elterneinfluss wirkt natürlich nicht nur das persönliche Wesen der Eltern, sondern auch der durch sie fortgepflanzte Einfluss von Familien-, Rassen- und Volkstradition sowie die von ihnen vertretenen Anforderungen des jeweiligen sozialen Milieus. Ebenso nimmt das Über-Ich im Laufe der individuellen Entwicklung Beiträge vonseiten späterer Fortsetzer und Ersatzpersonen der Eltern auf, wie Erzieher, öffentlicher Vorbilder, in der Gesellschaft verehrter Ideale. Man sieht, dass Es und Über-Ich bei all ihrer fundamentalen Verschiedenheit die eine Übereinstimmung zeigen, dass sie die Einflüsse der Vergangenheit repräsentieren, das Es den der ererbten, das Über-Ich im Wesentlichen den der von anderen übernommenen, während das Ich hauptsächlich durch das selbst Erlebte, also Akzidentelle und Aktuelle bestimmt wird.

Dieses allgemeine Schema eines psychischen Apparates wird man auch für die höheren, dem Menschen seelisch ähnlichen Tiere gelten lassen. Ein Über-Ich ist überall dort anzunehmen, wo es wie beim Menschen eine längere Zeit kindlicher Abhängigkeit gegeben hat. Eine Scheidung von Ich und Es ist unvermeidlich anzunehmen.

Die Tierpsychologie hat die interessante Aufgabe, die sich hier ergibt, noch nicht in Angriff genommen.

II. Kapitel

Trieblehre

Die Macht des Es drückt die eigentliche Lebensabsicht des Einzelwesens aus. Sie besteht darin, seine mitgebrachten Bedürfnisse zu befriedigen. Eine Absicht, sich am Leben zu erhalten und sich durch die Angst vor Gefahren zu schützen, kann dem Es nicht zugeschrieben werden. Dies ist die Aufgabe des Ichs, das auch die günstigste und gefahrloseste Art der Befriedigung mit Rücksicht auf die Außenwelt herauszufinden hat. Das Über-Ich mag neue Bedürfnisse geltend machen, seine Hauptleistung bleibt aber die Einschränkung der Befriedigungen.

Die Kräfte, die wir hinter den Bedürfnisspannungen des Es annehmen, heißen wir *Triebe.* Sie repräsentieren die körperlichen Anforderungen an das Seelenleben. Obwohl letzte Ursache jeder Aktivität, sind sie konservativer Natur; aus jedem Zustand, den ein Wesen erreicht hat, geht ein Bestreben hervor, diesen Zustand wiederherzustellen, sobald er verlassen worden ist. Man kann also eine unbestimmte Anzahl von Trieben unterscheiden, tut es auch in der gewöhnlichen Übung. Für uns ist die Möglichkeit bedeutsam, ob man nicht all diese vielfachen Triebe auf einige wenige Grundtriebe zurückführen könne.

Wir haben erfahren, dass die Triebe ihr Ziel verändern können (durch Verschiebung), auch dass sie einander ersetzen können, indem die Energie des einen Triebs auf einen anderen übergeht. Der letztere Vorgang ist noch wenig gut verstanden. Nach langem Zögern und Schwanken haben wir uns entschlossen, nur zwei Grundtriebe anzunehmen, den *Eros* und den *Destruktionstrieb.* (Der Gegensatz von Selbsterhaltungs- und Arterhaltungstrieb sowie der andere von Ichliebe und Objektliebe fällt noch innerhalb des Eros.) Das Ziel des ersten ist, immer größere Einheiten herzustellen und so zu erhalten, also Bindung, das Ziel des anderen im Gegenteil, Zusammenhänge aufzulösen und so die Dinge zu zerstören. Beim Destruktionstrieb können wir daran denken, dass als sein letztes Ziel erscheint, das Lebende in den anorganischen Zustand zu überführen. Wir heißen ihn darum auch *Todestrieb.* Wenn wir annehmen, dass das Leben später als das Leblose gekommen und aus ihm entstanden ist, so fügt sich der Todestrieb der erwähnten Formel, dass ein Trieb die Rückkehr zu einem früheren Zustand anstrebt. Für den Eros (oder Liebestrieb) können wir eine solche Anwendung nicht durchführen. Es würde voraussetzen, dass die lebende Substanz einmal eine Einheit war, die dann zerrissen wurde und die nun die Wiedervereinigung anstrebt.[2]

In den biologischen Funktionen wirken die beiden Grundtriebe gegeneinander oder kombinieren sich miteinander. So ist der Akt des Essens eine Zerstörung des Objekts mit dem Endziel der Einverleibung, der Sexualakt eine Aggression mit der Absicht der innigsten Vereinigung. Dieses Mit- und Gegeneinanderwirken der beiden Grundtriebe ergibt die ganze Buntheit der Lebenserscheinungen. Über den Bereich des Lebenden hinaus führt die Analogie unserer beiden Grundtriebe zu dem im Anorganischen herrschenden Gegensatzpaar von Anziehung und Abstoßung.[3]

---

2 Dichter haben Ähnliches fantasiert, aus der Geschichte der lebenden Substanz ist uns nichts Entsprechendes bekannt.

3 Die Darstellung der Grundkräfte oder Triebe, gegen die sich die Analytiker noch vielfach sträuben, war bereits dem Philosophen Empedokles von Akragas vertraut.

Veränderungen im Mischungsverhältnis der Triebe haben die greifbarsten Folgen. Ein stärkerer Zusatz zur sexuellen Aggression führt vom Liebhaber zum Lustmörder, eine starke Herabsetzung des aggressiven Faktors macht ihn scheu oder impotent.

Es kann keine Rede davon sein, den einen oder anderen der Grundtriebe auf eine der seelischen Provinzen einzuschränken. Sie müssen überall anzutreffen sein. Einen Anfangszustand stellen wir uns in der Art vor, dass die gesamte verfügbare Energie des Eros, die wir von nun ab *Libido* heißen werden, im noch undifferenzierten Ich-Es vorhanden ist und dazu dient, die gleichzeitig vorhandenen Destruktionsneigungen zu neutralisieren. (Für die Energie des Destruktionstriebes fehlt uns ein der Libido analoger Terminus.) Späterhin wird es uns verhältnismäßig leicht, die Schicksale der Libido zu verfolgen, beim Destruktionstrieb ist es schwerer.

Solange dieser Trieb als Todestrieb im Inneren wirkt, bleibt er stumm, er stellt sich uns erst, wenn er als Destruktionstrieb nach außen gewendet wird. Dass dies geschehe, scheint eine Notwendigkeit für die Erhaltung des Individuums. Das Muskelsystem dient dieser Ableitung. Mit der Einsetzung des Über-Ichs werden ansehnliche Beträge des Aggressionstriebes im Innern des Ichs fixiert und wirken dort selbstzerstörend. Es ist eine der hygienischen Gefahren, die der Mensch auf seinem Weg zur Kulturentwicklung auf sich nimmt. Zurückhaltung von Aggression ist überhaupt ungesund, wirkt krank machend (Kränkung). Den Übergang von verhinderter Aggression in Selbstzerstörung durch Wendung der Aggression gegen die eigene Person demonstriert oft eine Person im Wutanfall, wenn sie sich die Haare rauft, mit den Fäusten ihr Gesicht bearbeitet, wobei sie offenbar diese Behandlung lieber einem anderen zugedacht hätte. Ein Anteil von Selbstzerstörung verbleibt unter allen Umständen im Inneren, bis es ihm endlich gelingt, das Individuum zu töten, vielleicht erst, wenn dessen Libido aufgebraucht oder unvorteilhaft fixiert ist. So kann man allgemein vermuten, das Individuum stirbt an seinen inneren Konflikten, die Art hingegen an ihrem erfolglosen Kampf gegen die Außenwelt, wenn diese sich in einer Weise geändert hat, für die die von der Art erworbenen Anpassungen nicht zureichen.

Es ist schwer, etwas über das Verhalten der Libido im Es und im Über-Ich auszusagen. Alles, was wir darüber wissen, bezieht sich auf das Ich, in dem anfänglich der ganze verfügbare Betrag von Libido aufgespeichert ist. Wir nennen diesen Zustand den absoluten primären *Narzissmus.* Er hält so lange an, bis das Ich beginnt, die Vorstellungen von Objekten mit Libido zu besetzen, narzisstische Libido in *Objektlibido* umzusetzen. Über das ganze Leben bleibt das Ich das große Reservoir, aus dem Libidobesetzungen an Objekte ausgeschickt und in das sie auch wieder zurückgezogen werden, wie ein Protoplasmakörper mit seinen Pseudopodien verfährt. Nur im Zustand einer vollen Verliebtheit wird der Hauptbetrag der Libido auf das Objekt übertragen, setzt sich das Objekt gewissermaßen an die Stelle des Ichs. Ein im Leben wichtiger Charakter ist die *Beweglichkeit* der Libido, die Leichtigkeit, mit der sie von einem Objekt auf andere Objekte übergeht. Im Gegensatz hierzu steht die *Fixierung* der Libido an bestimmte Objekte, die oft durchs Leben anhält.

Es ist unverkennbar, dass die Libido somatische Quellen hat, dass sie von verschiedenen Organen und Körperstellen her dem Ich zuströmt. Man sieht das am deutlichsten an jenem Anteil der Libido, der nach seinem Triebziel als Sexualerregung bezeichnet wird. Die hervorragendsten der Körperstellen, von denen diese Libido ausgeht, zeichnet man durch den Namen *erogene Zonen* aus, aber eigentlich ist der ganze Körper eine solche erogene Zone. Das Beste, was wir vom Eros, also von seinem Exponenten, der Libido, wissen, ist durch das Studium der Sexualfunktion gewonnen worden, die sich ja in der landläufigen Auffassung, wenn auch nicht in unserer Theorie, mit dem Eros deckt. Wir konnten uns ein Bild davon machen, wie das Sexualstreben, das dazu bestimmt ist, unser Leben entscheidend zu beeinflussen, sich allmählich entwickelt aus den aufeinanderfolgenden Beiträgen von mehreren Partialtrieben, die bestimmte erogene Zonen vertreten.

III. Kapitel

Die Entwicklung der Sexualfunktion

Der landläufigen Auffassung nach besteht das menschliche Sexualleben im Wesentlichen aus dem Bestreben, die eigenen Genitalien mit denen einer Person des anderen Geschlechts in Kontakt zu bringen. Küssen, Beschauen und Betasten dieses fremden Körpers treten dabei als Begleiterscheinungen und einleitende Handlungen auf. Dieses Bestreben sollte mit der Pubertät, also im Alter der Geschlechtsreife auftreten und der Fortpflanzung dienen. Allerdings waren immer gewisse Tatsachen bekannt, die nicht in den engen Rahmen dieser Auffassung passen. 1) Es ist merkwürdig, dass es Personen gibt, für die nur Individuen des eigenen Geschlechts und deren Genitalien Anziehung besitzen. 2) Es ist ebenso merkwürdig, dass es Personen gibt, deren Gelüste sich ganz wie sexuelle gebärden, aber dabei von den Geschlechtsteilen oder deren normaler Verwendung ganz absehen; man heißt solche Menschen Perverse. 3) Und es ist schließlich auffällig, dass manche deshalb für degeneriert gehaltene Kinder sehr frühzeitig Interesse für ihre Genitalien und Zeichen von Erregung derselben zeigen.

Es ist begreiflich, dass die Psychoanalyse Aufsehen und Widerspruch hervorrief, als sie, zum Teil anknüpfend an diese drei gering geschätzten Tatsachen, allen populären Ansichten über die Sexualität widersprach. Ihre Hauptergebnisse sind folgende:

a) Das Sexualleben beginnt nicht erst mit der Pubertät, sondern setzt bald nach der Geburt mit deutlichen Äußerungen ein.

b) Es ist notwendig, zwischen den Begriffen sexuell und genital scharf zu unterscheiden. Der erstere ist der weitere Begriff und umfasst viele Tätigkeiten, die mit den Genitalien nichts zu tun haben.

c) Das Sexualleben umfasst die Funktion der Lustgewinnung aus Körperzonen, die nachträglich in den Dienst der Fortpflanzung gestellt wird. Beide Funktionen kommen oft nicht ganz zur Deckung.

Das Hauptinteresse richtet sich natürlich auf die erste Behauptung, die unerwartetste von allen. Es hat sich gezeigt, dass es im frühen Kindesalter Anzeichen von körperlicher Tätigkeit gibt, denen nur ein altes Vorurteil den Namen sexuell verweigern konnte und die mit psychischen Phänomenen verbunden sind, die wir später im erwachsenen Liebesleben finden, wie etwa die Fixierung an bestimmte Objekte,

Eifersucht usw. Es zeigt sich aber darüber hinaus, dass diese in der frühen Kindheit auftauchenden Phänomene einer gesetzmäßigen Entwicklung angehören, eine regelmäßige Steigerung durchmachen, etwa gegen Ende des fünften Lebensjahres einen Höhepunkt erreichen, dem dann eine Ruhepause folgt. Während dieser steht der Fortschritt stille, vieles wird verlernt und wieder rückgebildet. Nach Ablauf dieser sogenannten Latenzzeit setzt sich mit der Pubertät das Sexualleben fort, wir könnten sagen, es blüht wieder auf. Wir stoßen hier auf die Tatsache eines *zweizeitigen Ansatzes* des Sexuallebens, die außer beim Menschen nicht bekannt und offenbar sehr wichtig für die Menschwerdung ist.[4] Es ist nicht gleichgültig, dass die Ereignisse dieser Frühzeit der Sexualität der *infantilen Amnesie* bis auf Reste zum Opfer fallen. Unsere Anschauungen über die Ätiologie der Neurosen und unsere Technik der analytischen Therapie knüpft an diese Auffassungen an. Die Verfolgung der Entwicklungsvorgänge dieser Frühzeit hat auch Beweise für andere Behauptungen geliefert.

Das erste Organ, das als erogene Zone auftritt und einen libidinösen Anspruch an die Seele stellt, ist von Geburt an der Mund. Alle psychische Tätigkeit ist zunächst darauf eingestellt, dem Bedürfnis dieser Zone Befriedigung zu schaffen. Diese dient natürlich in erster Linie der Selbsterhaltung durch Ernährung, aber man darf Physiologie nicht mit Psychologie verwechseln.

---

4 Siehe die Vermutung, dass der Mensch von einem Säugetier abstammt, das mit fünf Jahren geschlechtsreif wurde. Irgendein großer äußerer Einfluss auf die Art hat dann die gradlinige Entwicklung der Sexualität gestört. Damit könnten andere Umwandlungen des Sexuallebens beim Menschen im Vergleich zum Tier zusammenhängen, etwa die Aufhebung der Periodizität der Libido und die Verwendung der Rolle der Menstruation in der Beziehung der Geschlechter.

Frühzeitig zeigt sich im hartnäckig festgehaltenen Lutschen des Kindes ein Befriedigungsbedürfnis, das – obwohl von der Nahrungsaufnahme ausgehend und von ihr angeregt – doch unabhängig von Ernährung nach Lustgewinn strebt und darum *sexuell* genannt werden darf und soll.

Schon während dieser oralen Phase treten mit Erscheinen der Zähne sadistische Impulse isoliert auf. In viel größerem Umfang in der zweiten Phase, die wir die sadistisch-anale heißen, weil hier die Befriedigung in der Aggression und in der Funktion der Exkretion gesucht wird. Wir begründen das Recht, die aggressiven Strebungen unter der Libido anzuführen, mit der Auffassung, dass der Sadismus eine Triebmischung von rein libidinösen mit rein destruktiven Strebungen ist, eine Mischung, die von da an nicht aufhören wird.[5]

Die dritte ist die sogenannte phallische Phase, die, gleichsam als Vorläufer, der Endgestaltung des Sexuallebens bereits recht ähnlich ist. Es ist bemerkenswert, dass nicht die Genitalien beider Geschlechter hier eine Rolle spielen, sondern nur das männliche (Phallus). Das weibliche Genitale bleibt lange unbekannt, das Kind huldigt in seinem Versuch, die sexuellen Vorgänge zu verstehen, der ehrwürdigen Cloakentheorie, die genetisch ihre Berechtigung hat.[6]

---

5 Es entsteht die Frage, ob die Befriedigung rein destruktiver Triebregungen als Lust verspürt werden kann, ob reine Destruktion ohne libidinösen Zusatz vorkommt. Befriedigung des im Ich verbliebenen Todestriebs scheint Lustempfindungen nicht zu ergeben, obwohl der Masochismus eine ganz analoge Mischung wie der Sadismus darstellt.

6 Frühzeitige Vaginalerregungen werden vielfach behauptet, sehr wahrscheinlich handelt es sich aber um Erregungen an der Klitoris, also einem dem Penis analogen Organ, was die Berechtigung, die Phase die phallische zu nennen, nicht aufhebt.

Mit und in der phallischen Phase erreicht die frühkindliche Sexualität ihre Höhe und nähert sich dem Untergang. Knabe und Mädchen haben von jetzt an gesonderte Schicksale. Beide haben begonnen, ihre intellektuelle Tätigkeit in den Dienst der Sexualforschung zu stellen, beide gehen von der Voraussetzung des Allgemeinvorkommens des Penis aus. Aber jetzt scheiden sich die Wege der Geschlechter. Der Knabe tritt in die Ödipusphase ein, er beginnt die manuelle Betätigung am Penis mit gleichzeitigen Fantasien von irgendeiner sexuellen Betätigung desselben an der Mutter, bis er durch Zusammenwirkung einer Kastrationsdrohung und des Anblicks der weiblichen Penislosigkeit das größte Trauma seines Lebens erfährt, das die Latenzzeit mit allen ihren Folgen einleitet. Das Mädchen erlebt nach vergeblichem Versuch, es dem Knaben gleichzutun, die Erkenntnis ihres Penismangels oder besser ihrer Klitorisminderwertigkeit mit dauernden Folgen für die Charakterentwicklung; infolge dieser ersten Enttäuschung in der Rivalität häufig mit erster Abwendung vom Sexualleben überhaupt.

Es wäre missverständlich zu glauben, dass diese drei Phasen einander glatt ablösen; die eine kommt zur anderen hinzu, sie überlagern einander, bestehen nebeneinander. In den frühen Phasen gehen die einzelnen Partialtriebe unabhängig voneinander auf Lusterwerb aus, in der phallischen Phase beginnen die Anfänge einer Organisation, die die anderen Strebungen dem Primat der Genitalien unterordnet und den Beginn der Einordnung des allgemeinen Luststrebens in die Sexualfunktion bedeutet. Die volle Organisation wird erst durch die Pubertät in einer vierten, genitalen, Phase erreicht. Dann hat sich ein Zustand hergestellt, in dem 1. manche früheren Libidobesetzungen erhalten geblieben sind, 2. andere in die Sexualfunktion aufgenommen werden als vorbereitende, unterstützende Akte, deren Befriedigung die sogenannte Vorlust ergibt, 3. andere Strebungen von der Organisation ausgeschlossen werden, entweder überhaupt unterdrückt (verdrängt) werden oder eine andere Verwendung im Ich erfahren, Charakterzüge bilden, Sublimierungen mit Zielverschiebungen erleiden.

Dieser Prozess vollzieht sich nicht immer tadellos. Die Hemmungen in seiner Entwicklung geben sich als die mannigfachen Störungen des Sexuallebens kund. Es sind dann Fixierungen der Libido an Zustände früherer Phasen vorhanden, deren vom normalen Sexualziel unabhängige Strebung als *Perversion* bezeichnet wird. Eine solche Entwicklungshemmung ist z. B. die Homosexualität, wenn sie manifest ist. Die Analyse weist nach, dass eine homosexuelle Objektbindung in allen Fällen vorhanden war und in den meisten auch *latent* erhalten geblieben ist. Die Verhältnisse werden dadurch kompliziert, dass in der Regel die zur Herstellung des normalen Ausgangs erforderten Vorgänge sich nicht etwa vollziehen oder ausbleiben, sondern dass sie sich *partiell* vollziehen, sodass die Endgestaltung von diesen *quantitativen* Relationen abhängig bleibt. Die genitale Organisation ist dann zwar erreicht, aber geschwächt um die Anteile der Libido, die sie nicht mitgemacht haben und an prägenitale Objekte und Ziele fixiert geblieben sind. Diese Schwächung zeigt sich in der Neigung der Libido, im Falle von genitaler Nichtbefriedigung oder realer Schwierigkeiten in die früheren prägenitalen Besetzungen zurückzukehren *(Regression)*.

Während des Studiums der Sexualfunktionen konnten wir eine erste, vorläufige Überzeugung, richtiger gesagt eine Ahnung von zwei Einsichten erwerben, die sich später durch das ganze Gebiet als wichtig erweisen werden. Erstens, dass die normalen und abnormen Erscheinungen, die wir beobachten, d. h. die Phänomenologie, eine Beschreibung vom Gesichtspunkt der Dynamik und Ökonomik (in unserem Falle der quantitativen Verteilung der Libido) erfordern; und zweitens, dass die Ätiologie der Störungen, die wir studieren, in der Entwicklungsgeschichte, also in der Frühzeit des Individuums zu finden ist.

IV. Kapitel

Psychische Qualitäten

Wir haben den Bau des psychischen Apparats beschrieben, die Energien oder Kräfte, die in ihm tätig sind, und an einem hervorragenden Beispiel verfolgt, wie sich diese Energien, hauptsächlich die Libido, zu einer physiologischen Funktion, die der Arterhaltung dient, organisieren. Es war nichts dabei, was den ganz eigenartigen Charakter des Psychischen vertrat, abgesehen natürlich von der empirischen Tatsache, dass dieser Apparat und diese Energien den Funktionen zugrunde liegen, die wir unser Seelenleben heißen. Wir wenden uns zu dem, was für dieses Psychische einzig charakteristisch ist, ja sich nach sehr verbreiteter Meinung mit ihm zum Ausschluss von anderem deckt.

Den Ausgang für diese Untersuchung gibt die unvergleichliche, jeder Erklärung und Beschreibung trotzende Tatsache des Bewusstseins. Spricht man von Bewusstsein, so weiß man trotzdem unmittelbar aus eigenster Erfahrung, was damit gemeint ist.[7] Vielen innerhalb wie außerhalb der Wissenschaft genügt es, anzunehmen, das Bewusstsein sei allein das Psychische, und dann bleibt in der Psychologie nichts anderes zu tun, als innerhalb der psychischen Phänomenologie Wahrnehmungen, Gefühle, Denkvorgänge und Willensakte zu unterscheiden. Diese bewussten Vorgänge bilden aber nach allgemeiner Übereinstimmung keine lückenlosen, in sich abgeschlossenen Reihen, so dass nichts anderes übrig bliebe, als physische oder somatische Begleitvorgänge des Psychischen anzunehmen, denen man eine größere Vollständigkeit als den psychischen Reihen zugestehen muss, da einige von ihnen bewusste Parallelvorgänge haben, andere aber nicht. Es liegt dann natürlich nahe, in der Psychologie den Akzent auf diese somatischen Vorgänge zu legen, in ihnen das eigentlich Psychische anzuerkennen und für die bewussten Vorgänge eine andere Würdigung zu suchen. Dagegen sträuben sich nun die meisten Philosophen sowie viele andere und erklären ein unbewusst Psychisches für einen Widersinn.

Gerade das ist es, was die Psychoanalyse tun muss, und dies ist ihre zweite fundamentale Annahme. Sie erklärt die vorgeblichen somatischen Begleitvorgänge für das eigentliche Psychische, sieht dabei zunächst von der Qualität des Bewusstseins ab. Sie ist dabei nicht allein. Manche Denker wie z. B. *Th. Lipps* haben dasselbe in den nämlichen Worten geäußert, und das allgemeine Ungenügen an der gebräuchlichen Auffassung des Psychischen hat zur Folge gehabt, dass ein Begriff des Unbewussten immer dringlicher Aufnahme ins psychologische Denken verlangte, obwohl in so unbe-

---

7 Eine extreme Richtung wie der in Amerika entstandene Behaviorismus glaubt eine Psychologie aufbauen zu können, die von dieser Grundtatsache absieht!

stimmter und unfassbarer Weise, dass er keinen Einfluss auf die Wissenschaft gewinnen konnte.

Nun scheint es sich in dieser Differenz zwischen der Psychoanalyse und der Philosophie nur um eine gleichgültige Frage der Definition zu handeln, ob man den Namen des Psychiaters der einen oder anderen Reihe verleihen soll. In Wirklichkeit ist dieser Schritt höchst bedeutungsvoll geworden. Während man in der Bewusstseins-Psychologie nie über jene lückenhaften, offenbar von anderswo abhängigen Reihen hinauskam, hat die andere Auffassung, das Psychische sei an sich unbewusst, gestattet, die Psychologie zu einer Naturwissenschaft wie jede andere auszugestalten. Die Vorgänge, mit denen sie sich beschäftigt, sind an sich ebenso unerkennbar wie die anderer Wissenschaften, der chemischen oder physikalischen; aber es ist möglich, die Gesetze festzustellen, denen sie gehorchen, ihre gegenseitigen Beziehungen und Abhängigkeiten über weite Strecken lückenlos zur verfolgen, also das, was man als Verständnis des betreffenden Gebiets von Naturerscheinungen bezeichnet. Es kann dabei nicht ohne neue Annahmen und die Schöpfung neuer Begriffe abgehen, aber diese sind nicht als Zeugnisse unserer Verlegenheit zu verachten, sondern als Bereicherungen der Wissenschaft einzuschätzen, haben Anspruch auf denselben Annäherungswert wie die entsprechenden intellektuellen Hilfskonstruktionen in anderen Naturwissenschaften, erwarten ihre Abänderungen, Berichtigungen und feinere Bestimmung durch gehäufte und gesiebte Erfahrung. Es entspricht dann auch ganz unserer Erwartung, dass die Grundbegriffe der neuen Wissenschaft, ihre Prinzipien (Trieb, nervöse Energie u. a.) auf längere Zeit so unbestimmt bleiben wie die der älteren Wissenschaften (Kraft, Masse, Anziehung).

Alle Wissenschaften beruhen auf Beobachtungen und Erfahrungen, die unser psychischer Apparat vermittelt. Da aber unsere Wissenschaft diesen Apparat selbst zum Objekt hat, findet hier die Analogie ein Ende. Wir machen unsere Beobachtungen mittels desselben Wahrnehmungsapparats, gerade mithilfe der Lücken im Psychischen, indem wir das Ausgelassene durch naheliegende Schlussfolgerungen ergänzen und es in bewusstes Material übersetzen. Wir stellen so gleichsam eine bewusste Ergänzungsreihe zum unbewussten Psychischen her. Auf der Verbindlichkeit dieser Schlüsse ruht die relative Sicherheit unserer psychischen Wissenschaft. Wer sich in diese Arbeit vertieft, wird finden, dass unsere Technik jeder Kritik standhält.

Während dieser Arbeit drängen sich uns die Unterscheidungen auf, die wir als psychische Qualitäten bezeichnen. Was wir bewusst heißen, brauchen wir nicht zu charakterisieren, es ist das Nämliche wie das Bewusstsein der Philosophen und der Volksmeinung. Alles andere Psychische ist für uns das Unbewusste. Bald werden wir dazu geführt, in diesem Unbewussten eine wichtige Scheidung anzunehmen. Manche Vorgänge werden leicht bewusst, sind es dann nicht mehr, können es aber ohne Mühe wieder werden, wie man sagt, können reproduziert oder erinnert werden. Dabei werden wir daran gemahnt, dass das Bewusstsein überhaupt nur ein höchst flüchtiger Zustand ist. Was bewusst ist, ist es nur für einen Moment. Wenn unsere Wahrnehmungen dies nicht bestätigen, so ist das nur ein scheinbarer Widerspruch; er rührt daher, dass die Reize zur Wahrnehmung für längere Zeiten anhalten können, sodass die Wahrnehmung sich dabei wiederholen kann. Deutlich wird dieser ganze Sachverhalt an der bewussten Wahrnehmung unserer Denkvorgänge, die zwar auch anhalten, aber ebenso gut in einem

Augenblick abgelaufen sein können. Alles Unbewusste, das sich so verhält, so leicht den unbewussten Zustand mit dem bewussten vertauschen kann, heißen wir darum lieber bewusstseinsfähig oder *vorbewusst.* Die Erfahrung hat uns gelehrt, dass es kaum einen psychischen Vorgang von noch so komplizierter Art gibt, der nicht gelegentlich vorbewusst bleiben könnte, wenngleich er in der Regel zum Bewusstsein vordringt, wie wir uns ausdrücken.

Andere psychische Vorgänge, Inhalte haben keinen so leichten Zugang zum Bewusstwerden, sondern müssen auf die beschriebene Weise erschlossen, erraten und in bewussten Ausdruck übersetzt werden. Für diese reservieren wir den Namen des eigentlich Unbewussten. Wir haben also den psychischen Vorgängen drei Qualitäten zugeschrieben, sie sind entweder bewusst, vorbewusst oder unbewusst. Die Scheidung zwischen den drei Klassen von Inhalten, welche diese Qualitäten tragen, ist weder eine absolute noch eine permanente. Das, was vorbewusst ist, wird, wie wir sehen, ohne unser Zutun bewusst, das Unbewusste kann durch unsere Bemühung bewusst gemacht werden, wobei wir die Empfindung haben dürfen, dass wir oft sehr starke Widerstände überwinden. Wenn wir diesen Versuch bei einem anderen Individuum machen, dürfen wir nicht vergessen, dass die bewusste Ausfüllung seiner Wahrnehmungslücke, die Konstruktion, die wir ihm geben, noch nicht bedeutet, dass wir den betreffenden unbewussten Inhalt bei ihm bewusst gemacht haben. Sondern dieser Inhalt ist zunächst bei ihm in zweifacher Fixierung vorhanden, einmal in der von ihm vernommenen bewussten Rekonstruktion und außerdem in seinem ursprünglichen unbewussten Zustand. Unserer fortgesetzten Bemühung gelingt es dann zumeist, dass dies Unbewusste ihm selbst bewusst wird, wodurch die beiden

Fixierungen zusammenfallen. Das Maß unserer Bemühung, nach dem wir den Widerstand gegen das Bewusstwerden schätzen, ist für die einzelnen Fälle verschieden groß. Was z. B. bei der analytischen Behandlung der Erfolg unserer Bemühung ist, kann auch spontan geschehen, ein sonst unbewusster Inhalt kann sich in einen vorbewussten verwandeln und dann bewusst werden, wie es sich im großen Umfang in psychotischen Zuständen ereignet. Wir schließen daraus, dass die Aufrechterhaltung bestimmter innerer Widerstände eine Bedingung der Normalität ist. Regelmäßig erfolgt ein solcher Nachlass der Widerstände mit daraus folgendem Vordringen von unbewusstem Inhalt im Schlafzustand, womit die Bedingung für die Traumbildung hergestellt ist. Umgekehrt kann vorbewusster Inhalt zeitweilig unzugänglich, durch Widerstände abgesperrt werden, wie es beim zeitweiligen Vergessen (Entfallen) der Fall ist, oder ein vorbewusster Gedanke kann selbst zeitweilig in den unbewussten Zustand zurückversetzt werden, was die Bedingung des Witzes zu sein scheint. Wir werden sehen, dass eine solche Rückverwandlung vorbewusster Inhalte (oder Vorgänge) in den unbewussten Zustand eine große Rolle in der Verursachung neurotischer Störungen spielt.

In dieser Allgemeinheit und Vereinfachung dargestellt, scheint die Lehre von den drei Qualitäten des Psychischen eher eine Quelle unübersehbarer Verwirrung als ein Beitrag zur Aufklärung zu sein. Es ist aber nicht zu vergessen, dass sie eigentlich keine Theorie ist, sondern ein erster Rechenschaftsbericht über die Tatsachen unserer Beobachtungen, dass sie sich so nahe wie möglich an diese Tatsachen hält und sie nicht zu erklären versucht. Die Komplikationen, die sie aufdeckt, mögen die besonderen Schwierigkeiten, mit denen unsere Forschung zu kämpfen hat, begreiflich machen. Vermutlich wird aber auch diese Lehre uns nähergebracht werden, wenn wir den Beziehungen folgen, die sich zwischen den psychischen Qualitäten und den von uns angenommenen Provinzen oder Instanzen des psychischen Apparates ergeben. Allerdings sind auch diese Beziehungen nichts weniger als einfach.

Das Bewusstwerden ist vor allem geknüpft an die Wahrnehmungen, die unsere Sinnesorgane von der Außenwelt gewinnen. Es ist also für die topische Betrachtung ein Phänomen, das sich in der äußersten Rindenschicht des Ichs zuträgt. Wir erhalten allerdings auch bewusste Nachrichten aus dem Körperinneren, die Gefühle, die sogar unser Seelenleben gebieterischer beeinflussen als die äußeren Wahrnehmungen, und unter gewissen Umständen liefern auch die Sinnesorgane Gefühle, Schmerzempfindungen, außer ihren spezifischen Wahrnehmungen. Da aber diese Empfindungen, wie sie zum Unterschied von bewussten Wahrnehmungen heißen, gleichfalls von den Endorganen ausgehen und wir alle diese als Verlängerung, Ausläufer der Rindenschicht auffassen, können wir obige Behauptung aufrechterhalten. Der Unterschied wäre nur, dass für die Endorgane der Empfindungen und Gefühle der Körper selbst die Außenwelt ersetzen würde.

Bewusste Vorgänge an der Peripherie des Ichs, alle anderen im Ich unbewusst, das wäre der einfachste Sachverhalt, den wir anzunehmen hätten. So mag es sich auch wirklich bei den Tieren verhalten, beim Menschen kommt eine Komplikation hinzu, durch welche auch innere Vorgänge im Ich die Qualität des Bewusstseins erwerben können. Dies ist das Werk der Sprachfunktion, die Inhalte des Ichs mit Erinnerungsresten der visuellen, besonders aber akustischen Wahrnehmungen in feste Verbindung bringt. Von da ab kann die wahrnehmende Peripherie der Rindenschicht in weit größerem Umfang auch von innen her erregt werden, innere Vorgänge wie Vorstellungsabläufe und Denkvorgänge können bewusst werden, und es bedarf einer besonderen Vorrichtung, die zwischen beiden Möglichkeiten unterscheidet, der sogenannten *Realitätsprüfung*. Die Gleichstellung Wahrnehmung – Realität (Außenwelt) ist hinfällig geworden. Irrtümer, die sich jetzt leicht ergeben, im Traum regelmäßig, werden *Halluzinationen* genannt.

Das Innere des Ichs, das vor allem die Denkvorgänge umfasst, hat die Qualität des Vorbewussten. Diese ist für das Ich charakteristisch, kommt ihm allein zu. Es wäre aber nicht richtig, die Verbindung mit den Erinnerungsresten der Sprache zur Bedingung für den vorbewussten Zustand zu machen, dieser ist vielmehr unabhängig davon, wenngleich die Sprachbedingung einen sicheren Schluss auf die vorbewusste Natur des Vorganges gestattet. Der vorbewusste Zustand, einerseits durch seinen Zugang zum Bewusstsein, andererseits durch seine Verknüpfung mit den Sprachresten ausgezeichnet, ist doch etwas Besonderes, dessen Natur durch diese beiden Charaktere nicht erschöpft ist. Der Beweis hierfür ist, dass große Anteile des Ichs, vor allem des Über-Ichs, dem man den Charakter des Vorbewussten nicht bestreiten kann, doch zumeist unbewusst im phänomenologischen Sinne bleiben. Wir wissen nicht, warum dies so sein muss. Das Problem, welches die wirkliche Natur des Vorbewussten ist, werden wir später anzugreifen versuchen.

Das Unbewusste ist die allein herrschende Qualität im Es. Es und Unbewusstes gehören ebenso innig zusammen wie Ich und Vorbewusstes, ja, das Verhältnis ist hier noch ausschließlicher. Ein Rückblick auf die Entwicklungsgeschichte der Person und ihres psychischen Apparates lässt uns eine bedeutsame Unterscheidung im Es feststellen. Ursprünglich war ja alles Es, das Ich ist durch den fortgesetzten Einfluss der Außenwelt aus dem Es entwickelt worden. Während dieser langsamen Entwicklung sind gewisse Inhalte des Es in den vorbewussten Zustand gewandelt und so ins Ich aufgenommen worden. Andere sind unverändert im Es als dessen schwer zugänglicher Kern geblieben. Aber während dieser Entwicklung hat das junge und unkräftige Ich gewisse bereits aufgenommene Inhalte wieder in den unbewussten Zustand zurückversetzt, fallen gelassen und gegen manche neue Eindrücke, die es hätte aufnehmen können, sich ebenso verhalten, sodass diese, zurückgewiesen, nur im Es eine Spur hinterlassen konnten. Diesen letzteren Anteil des Es heißen wir mit Rücksicht auf seine Entstehung das Verdrängte. Es macht wenig aus, dass wir zwischen beiden Kategorien im Es nicht immer scharf unterscheiden können. Sie decken sich ungefähr mit der Sonderung in ursprünglich Mitgebrachtes und während der Ichentwicklung Erworbenes.

Wenn wir uns aber zur topischen Zerlegung des psychischen Apparates in Ich und Es, mit der die Unterscheidung der Qualität vorbewusst und unbewusst parallel läuft, entschlossen haben und diese Qualität nur als ein Anzeichen des Unterschieds, nicht als das Wesen desselben, gelten lassen, worin besteht dann die eigentliche Natur des Zustandes, der sich im Es durch die Qualität des Unbewussten, im Ich durch die des Vorbewussten verrät, und worin liegt der Unterschied zwischen beiden?

Nun, darüber wissen wir nichts und von dem tief dunkeln Hintergrund dieser Unwissenheit heben sich unsere spärlichen Einsichten kläglich genug ab. Wir haben uns hier dem eigentlichen noch nicht enthüllten Geheimnis des Psychischen genähert. Wir nehmen an, wie wir von anderen Naturwissenschaften her gewohnt sind, dass im Seelenleben eine Art von Energie tätig ist, aber es fehlen uns alle Anhaltspunkte, uns ihrer Kenntnis durch Analogien mit anderen Energieformen zu nähern. Wir glauben zu erkennen, dass die nervöse oder psychische Energie in zwei Formen vorhanden ist, einer leicht beweglichen und einer eher gebundenen, sprechen von Besetzungen und Überbesetzungen der Inhalte und wagen selbst die Vermutung, dass eine »Oberbesetzung« eine Art von Synthese verschiedener Vorgänge herstellt, bei der die freie Energie in gebundene umgesetzt wird. Weiter sind wir nicht gekommen, immerhin halten wir an der Meinung fest, dass auch der Unterschied des unbewussten von dem vorbewussten Zustand in solchen dynamischen Verhältnissen liegt, woraus sich ein Verständnis dafür ableiten würde, dass der eine spontan oder durch unsere Mitwirkung in den anderen übergeführt werden kann.

Hinter all diesen Unsicherheiten ruht aber eine neue Tatsache, deren Entdeckung wir der psychoanalytischen Forschung danken. Wir haben erfahren, dass die Vorgänge im Unbewusstsein oder im Es anderen Gesetzen gehorchen als die im vorbewussten Ich. Wir nennen diese Gesetze in ihrer Gesamtheit den *Primärvorgang* im Gegensatz zum *Sekundärvorgang*, der die Abläufe im Vorbewussten, im Ich, regelt. So hätte am Ende das Studium der psychischen Qualitäten sich doch nicht als unfruchtbar erwiesen.

V. Kapitel

Erläuterung an der Traumdeutung

Die Untersuchung normaler, stabiler Zustände, in denen die Grenzen des Ichs gegen das Es durch Widerstände (Gegenbesetzungen) gesichert, unverrückt geblieben sind und das Ober-Ich nicht vom Ich unterschieden wird, weil beide einträchtig arbeiten, eine solche Untersuchung würde uns wenig Aufklärung bringen. Was uns fördern kann, sind allein Zustände von Konflikt und Aufruhr, wenn der Inhalt des unbewussten Es Aussicht hat, ins Ich und zum Bewusstsein einzudringen, und das Ich sich gegen diesen Einbruch neuerlich zur Wehr setzt. Nur unter diesen Bedingungen können wir die Beobachtungen machen, die unsere Angaben über beide Partner bestätigen oder berichtigen. Ein solcher Zustand ist aber der nächtliche Schlaf, und darum ist auch die psychische Tätigkeit im Schlaf, die wir als Traum wahrnehmen, unser günstigstes Studienobjekt. Wir vermeiden dabei auch den oft gehörten Vorwurf, dass wir das normale Seelenleben nach pathologischen Befunden konstruieren; denn der Traum ist ein regelmäßiges Vorkommnis im Leben normaler Menschen, so weit sich auch seine Charaktere von den Produktionen unseres Wachlebens unterscheiden mögen. Der Traum kann, wie allgemein bekannt, verworren, unverständlich, geradezu unsinnig sein, seine Angaben mögen all unserem Wissen von der Realität widersprechen, und wir benehmen uns wie Geisteskranke, indem wir, solange wir träumen, den Inhalten des Traumes objektive Realität zusprechen.

Den Weg zum Verständnis (»Deutung«) des Traumes beschreiten wir, indem wir annehmen, dass das, was wir als Traum nach dem Erwachen erinnern, nicht der wirkliche Traumvorgang ist, sondern nur eine Fassade, hinter welcher sich dieser verbirgt. Dies ist unsere Unterscheidung eines *manifesten* Trauminhaltes und der *latenten* Traumgedanken. Den Vorgang, der aus den Letzteren den Ersteren hervorgehen ließ, heißen wir die *Traumarbeit.* Das Studium der Traumarbeit lehrt uns an einem ausgezeichneten Beispiel, wie unbewusstes Material aus dem Es, ursprüngliches und verdrängtes, sich dem Ich aufdrängt, vorbewusst wird und durch das Sträuben des Ichs jene Veränderungen erfährt, die wir als die *Traumentstellung* kennen. Es gibt keinen Charakter des Traumes, der nicht auf diese Weise seine Aufklärung fände.

Wir beginnen am besten mit der Feststellung, dass es zweierlei Anlässe zur Traumbildung gibt. Entweder hat während des Schlafes eine sonst unterdrückte Triebregung (ein unbewusster Wunsch) die Stärke gefunden, sich im Ich geltend zu machen, oder es hat eine vom Wachleben erübrigte Strebung, ein vorbewusster Gedankengang mit allen ihm anhängenden Konfliktregungen im Schlaf eine Verstärkung durch ein unbewusstes Element gefunden. Also Träume vom Es her oder vom Ich her. Der Mechanismus der Traumbildung ist für beide Fälle der gleiche, auch die dynamische Bedingung ist dieselbe. Das Ich beweist eine spätere Entdeckung aus dem Es dadurch, dass es zeitweise seine Funktionen einstellt und die Rückkehr zu einem früheren Zustand gestattet. Dies geschieht korrekterweise, indem es seine Beziehungen mit der Außenwelt abbricht, seine Besetzungen von den Sinnesorganen zurückzieht. Man kann mit Recht sagen, mit der Geburt ist ein Trieb entstanden, zum aufgegebenen Intrauterinleben zurückzukehren, ein Schlaftrieb. Der Schlaf ist eine solche Rückkehr in den Mutterleib. Da das wache Ich die Motilität beherrscht, wird diese Funktion im Schlafzustand gelähmt, und damit wird ein guter Teil der Hemmungen, die dem unbewussten Es auferlegt waren, überflüssig. Die Einziehung oder Herabsetzung dieser »Gegenbesetzungen« erlaubt nun dem Es ein jetzt unschädliches Maß von Freiheit. Die Beweise für den Anteil des unbewussten Es an der Traumbildung sind reichlich und von zwingender Natur. a) Das Traumgedächtnis ist weit umfassender als das Gedächtnis im Wachzustand. Der Traum bringt Erinnerungen, die der Träumer vergessen hat, die ihm im Wachen unzugänglich waren. b) Der Traum macht einen uneingeschränkten Gebrauch von sprachlichen Symbolen, deren Bedeutung der Träumer meist nicht kennt. Wir können aber ihren Sinn durch unsere Erfahrung bestätigen. Sie stammen wahrscheinlich aus früheren Phasen der Sprachentwicklung. c) Das Traumgedächtnis reproduziert sehr häufig Eindrücke aus der frühen Kindheit des Träumers, von denen wir mit Bestimmtheit nicht nur behaupten können, dass sie vergessen, sondern dass sie durch Verdrängung unbewusst geworden waren. Darauf beruht die meist unentbehrliche Hilfe des Traumes bei der Rekonstruktion der Frühzeit des Träumers, die wir in der analytischen Behandlung der Neurosen versuchen. d) Darüber hinaus bringt der Traum Inhalte zum Vorschein, die weder aus dem reifen Leben noch aus der vergessenen Kindheit des Träumers stammen können. Wir sind genötigt, sie als Teil der *archaischen* Erbschaft anzusehen, die das Kind, durch das Erleben der Ahnen beeinflusst, vor jeder eigenen Erfahrung mit sich auf die Welt bringt. Die Gegenstücke zu diesem phylogenetischen Material finden wir dann in den ältesten Sagen der Menschheit und in ihren überlebenden

Gebräuchen. Der Traum wird so eine nicht zu verachtende Quelle der menschlichen Vorgeschichte.

Was aber den Traum so unschätzbar für unsere Einsicht macht, ist der Umstand, dass das unbewusste Material, wenn es ins Ich eindringt, seine Arbeitsweisen mit sich bringt. Das will sagen, die vorbewussten Gedanken, in denen es seinen Ausdruck gefunden hat, werden im Laufe der Traumarbeit so behandelt, als ob sie unbewusst Anteile des Es wären, und im anderen Falle der Traumbildung werden die vorbewussten Gedanken, die sich die Verstärkung der unbewussten Triebregung geholt haben, zum unbewussten Zustand erniedrigt. Erst auf diesem Wege erfahren wir, welches die Gesetze des Ablaufes im Unbewussten sind und wodurch sie sich von den uns bekannten Regeln im Wachdenken unterscheiden. Die Traumarbeit ist also im Wesentlichen ein Fall von unbewusster Bearbeitung vorbewusster Gedankenvorgänge. Um ein Gleichnis aus der Historie heranzuziehen: Die einbrechenden Eroberer behandeln das eroberte Land nicht nach dem Recht, das sie darin vorfinden, sondern nach ihrem eigenen. Es ist aber unverkennbar, dass das Ergebnis der Traumarbeit ein Kompromiss ist. In der dem unbewussten Stoff aufgenötigten Entstellung und in den oft sehr unzugänglichen Versuchen, dem Ganzen eine dem Ich noch annehmbare Form zu geben (sekundäre Bearbeitung), ist der Einfluss der noch nicht gelähmten Ichorganisation zu erkennen. Das ist, im Gleichnis, der Ausdruck des anhaltenden Widerstandes der Unterworfenen.

Die Gesetze des Ablaufes im Unbewussten, die auf solche Art zum Vorschein kommen, sind sonderbar genug und ausreichend, das meiste, was uns am Traum fremdartig ist, zu erklären. Da ist vor allem eine auffällige Tendenz zur *Verdichtung,* eine Neigung, neue Einheiten zu bilden aus Elementen, die wir im Nachdenken gewiss auseinandergehalten hätten. Demzufolge vertritt oft ein einziges Element des manifesten Traumes eine ganze Anzahl von latenten Traumgedanken, als wäre es eine allen gemeinsame Anspielung; überhaupt ist der Umfang des manifesten Traumes außerordentlich verkürzt im Vergleich zu dem reichen Stoff, aus dem er hervorgegangen ist. Eine andere, von der früheren nicht ganz unabhängige Eigentümlichkeit der Traumarbeit ist die Leichtigkeit der *Verschiebung* psychischer Intensitäten (Besetzungen) von einem Element auf ein anderes, sodass oft im manifesten Traum ein Element als das deutlichste und dementsprechend wichtigste erscheint, das in den Traumgedanken nebensächlich war, und umgekehrt wesentliche Elemente der Traumgedanken im manifesten Traum nur durch geringfügige Andeutungen vertreten werden. Außerdem genügen der Traumarbeit meist recht unscheinbare Gemeinsamkeiten, um ein Element für alle weiteren Operationen durch ein anderes zu ersetzen. Man begreift leicht, wie sehr durch diese Mechanismen der Verdichtung und Verschiebung die Deutung des Traumes und die Aufdeckung der Beziehungen zwischen manifestem Traum und latenten Traumgedanken erschwert werden kann. Unsere Theorie zieht aus dem Nachweis dieser beiden Tendenzen zur Verdichtung und Verschiebung den Schluss, dass im unbewussten Es die Energie sich in einem Zustand freier Beweglichkeit befindet und dass es dem Es auf die Möglichkeit der Abfuhr für Erregungsquantitäten mehr ankommt als auf alles andere[8], und sie verwendet beide Eigentüm-

8 Die Analogie wäre, wie wenn der Unteroffizier, der eben einen Verweis vom Vorgesetzten stumm entgegengenommen hat, seiner Wut darüber an dem nächsten unschuldigen Gemeinen einen Ausweg schafft.

lichkeiten zur Charakteristik des dem Es zugeschriebenen Primärvorgangs.

Durch das Studium der Traumarbeit haben wir noch viele andere, ebenso merkwürdige wie wichtige Besonderheiten der Vorgänge im Unbewussten kennengelernt, von denen nur wenige hier erwähnt werden sollen. Die entscheidenden Regeln der Logik haben im Unbewussten keine Geltung, man kann sagen, es ist das Reich der Unlogik. Strebungen mit entgegengesetzten Zielen bestehen im Unbewussten nebeneinander, ohne dass ein Bedürfnis nach deren Abgleichung sich regte. Entweder sie beeinflussen einander überhaupt nicht, oder wenn, so kommt keine Entscheidung, sondern ein Kompromiss zustande, das unsinnig wird, weil es miteinander unverträgliche Einzelheiten einschließt. Dem steht nahe, dass Gegensätze nicht auseinandergehalten, sondern wie identisch behandelt werden, sodass im manifesten Traum jedes Element auch sein Gegenteil bedeuten kann. Einige Sprachforscher haben erkannt, dass es in den ältesten Sprachen ebenso war und dass Gegensätze wie stark-schwach, hoch-tief ursprünglich durch dieselbe Wurzel ausgedrückt wurden, bis zwei verschiedene Modifikationen des Urwortes die beiden Bedeutungen voneinander sonderten. Reste des ursprünglichen Doppelsinns sollen noch in einer so hoch entwickelten Sprache wie dem Lateinischen im Gebrauch von *altus* (hoch und tief), *sacer* (heilig und verrucht) u. a. erhalten sein.

Angesichts der Komplikation und der Vieldeutigkeit der Beziehungen zwischen manifestem Traum und darunterliegendem latenten Inhalt ist man natürlich berechtigt zu fragen, auf welchem Weg man überhaupt dazu kommt, aus dem einen das andere abzuleiten, und ob man dabei allein auf ein glückliches Erraten, etwa unterstützt durch die Übersetzung der im manifesten Traum erscheinenden Symbole, angewiesen ist. Man darf die Auskunft geben, diese Aufgabe ist in den allermeisten Fällen in befriedigender Weise lösbar, aber nur mithilfe der Assoziationen, die der Träumer selbst zu den Elementen des manifesten Inhaltes liefert. Jedes andere Verfahren ist willkürlich und ergibt keine Sicherheit. Die Assoziationen des Träumers aber bringen die Mittelglieder zum Vorschein, die wir in die Lücke zwischen beiden einfügen und mit deren Hilfe wir den latenten Inhalt des Traumes wiederherstellen, den Traum »deuten« können. Es ist nicht zu verwundern, wenn diese der Traumarbeit entgegengesetzte Deutungsarbeit gelegentlich nicht die volle Sicherheit erzielt.

Es erübrigt sich, uns noch die dynamische Aufklärung zu geben, warum das schlafende Ich überhaupt die Aufgabe der Traumarbeit auf sich nimmt. Sie ist zum Glück leicht zu finden. Jeder in Bildung begriffene Traum erhebt mithilfe des Unbewussten einen Anspruch an das Ich auf Befriedigung eines Triebes, wenn er vom Es – auf Lösung eines Konfliktes, Aufhebung eines Zweifels, Herstellung eines Vorsatzes –, wenn er von einem Rest der vorbewussten Tätigkeit im Wachleben ausgeht. Das schlafende Ich ist aber auf den Wunsch, den Schlaf festzuhalten, eingestellt, empfindet diesen Anspruch als eine Störung und sucht diese Störung zu beseitigen. Dies gelingt dem Ich durch einen Akt scheinbarer Nachgiebigkeit, indem es dem Anspruch eine unter diesen Umständen harmlose *Wunscherfüllung* entgegensetzt und ihn so aufhebt. Diese Ersetzung des Anspruches durch Wunscherfüllung bleibt die wesentliche Leistung der Traumarbeit. Vielleicht ist es nicht überflüssig, dies an drei einfachen Beispielen zu erläutern, einem Hungertraum, einem Bequemlichkeitstraum und einem vom sexuellen Bedürfnis eingegebenen. Beim Träumer meldet sich im Schlaf ein Bedürfnis nach Nahrung, er träumt von einer herrlichen Mahlzeit und schläft weiter. Er hatte natürlich die Wahl, aufzuwachen, um zu essen, oder den Schlaf fortzusetzen. Er hat sich für Letzteres entschieden und den Hunger durch den Traum befriedigt. Wenigstens für eine Weile; hält der Hunger an, so wird er doch erwachen müssen. Der andere Fall: Der Schläfer soll erwachen, um zu bestimmter Zeit in der Klinik zu sein. Er schläft aber weiter und träumt, dass er sich schon in der Klinik befindet, als Patient allerdings, der sein Bett nicht zu verlassen braucht. Oder nächtlicherweile regt sich die Sehnsucht nach dem Genuss eines verbotenen Sexualobjekts, der Frau eines Freundes. Er träumt vom Sexualverkehr, freilich nicht mit dieser Person, aber doch einer anderen, die denselben Namen trägt, wenngleich sie selbst ihm gleichgültig ist. Oder sein Sträuben äußert sich darin, dass die Geliebte überhaupt anonym bleibt.

Natürlich liegen nicht alle Fälle so einfach; besonders in den Träumen, die von unerledigten Tagesresten ausgehen und sich im Schlafzustand nur eine unbewusste Verstärkung geholt haben, ist es oft nicht leicht, die unbewusste Triebkraft aufzudecken und deren Wunscherfüllung nachzuweisen, aber man darf annehmen, dass sie immer vorhanden ist. Der Satz, dass der Traum Wunscherfüllung ist, wird leicht auf Unglauben stoßen, wenn man sich erinnert, wie viele Träume einen direkt peinlichen Inhalt haben oder selbst unter Angst zum Erwachen führen, ganz abgesehen von den so häufigen Träumen ohne bestimmten Gefühlston. Aber der Einwand des Angsttraumes hält der Analyse nicht stand. Man darf nicht vergessen, dass der Traum in allen Fällen das Ergebnis eines Konflikts, eine Art von Kompromissbildung ist. Was für das unbewusste Es eine Befriedigung ist, kann eben darum für das Ich ein Anlass zur Angst sein.

Wie die Traumarbeit vor sich geht, hat sich das eine Mal das Unbewusste besser durchgesetzt, das andere Mal das Ich energischer gewehrt. Die Angstträume sind meist diejenigen, deren Inhalt die geringste Entstellung erfahren hat. Wird der Anspruch des Unbewussten zu groß, sodass das schlafende Ich nicht imstande ist, ihn durch die verfügbaren Mittel abzuwehren, so gibt es den Schlafwunsch auf und kehrt ins wache Leben zurück. Man trägt allen Erfahrungen Rechnung, wenn man sagt, der Traum sei jedes Mal ein *Versuch,* die Schlafstörung durch Wunscherfüllung zu beseitigen, er sei also der Hüter des Schlafes. Dieser Versuch kann mehr oder weniger vollkommen gelingen, er kann auch misslingen und dann wacht der Schläfer auf, anscheinend durch eben diesen Traum geweckt. Auch dem braven Nachtwächter, der den Schlaf des Städtchens behüten soll, bleibt ja unter Umständen nichts übrig, als Lärm zu schlagen und die schlafenden Bürger zu wecken.

An den Schluss dieser Erörterungen setzen wir die Mitteilung, die unser langes Verweilen beim Problem der Traumdeutung rechtfertigen wird. Es hat sich ergeben, dass die unbewussten Mechanismen, die wir durch das Studium der Traumarbeit erkannt haben und die uns die Traumbildung erklärten, dass dieselben Mechanismen uns auch zum Verständnis der rätselhaften Symptombildungen verhelfen, durch die Neurosen und Psychosen unser Interesse herausfordern. Eine solche Übereinstimmung muss große Hoffnungen bei uns erwecken.

Zweiter Teil

DIE PRAKTISCHE AUFGABE

VI. Kapitel

Die psychoanalytische Technik

Der Traum ist also eine Psychose, mit allen Ungereimtheiten, Wahnbildungen, Sinnestäuschungen einer solchen. Eine Psychose zwar von kurzer Dauer, harmlos, selbst mit einer nützlichen Funktion betraut, von der Zustimmung der Person eingeleitet, durch einen Willensakt von ihr beendet. Aber doch eine Psychose, und wir lernen an ihr, dass selbst eine so tiefgehende Veränderung des Seelenlebens rückgängig gemacht werden, der normalen Funktion Raum geben kann. Ist es dann kühn zu hoffen, dass es möglich sein müsste, auch die gefürchteten spontanen Erkrankungen des Seelenlebens unserem Einfluss zu unterwerfen und sie zur Heilung zu bringen?

Wir wissen schon manches zur Vorbereitung für diese Unternehmung. Nach unserer Voraussetzung hat das Ich die Aufgabe, den Ansprüchen seiner drei Abhängigkeiten von der Realität, dem Es und dem Über-Ich zu genügen und dabei doch seine Organisation aufrechtzuhalten, seine Selbstständigkeit zu behaupten. Die Bedingung der in Rede stehenden Krankheitszustände kann nur eine relative oder absolute Schwächung des Ichs sein, die ihm die Erfüllung seiner Aufgaben unmöglich macht. Die schwerste Anforderung an das Ich ist wahrscheinlich die Niederhaltung der Triebansprüche des Es, wofür es große Aufwände an Gegenbesetzungen zu unterhalten hat. Es kann aber auch der Anspruch des Über-Ichs so stark und so unerbittlich werden, dass das Ich seinen anderen Aufgaben wie gelähmt gegenübersteht. Wir ahnen, in den ökonomischen Konflikten, die sich hier ergeben, machen Es und Über-Ich oft gemeinsame Sache gegen das bedrängte Ich, das sich zur Erhaltung seiner Norm an die Realität anklammern will. Werden die beiden Ersteren zu stark, so gelingt es ihnen, die Organisation des Ichs aufzulockern und zu verändern, sodass seine richtige Beziehung zur Realität gestört oder selbst aufgehoben wird. Wir haben es am Traum gesehen; wenn sich das Ich von der Realität der Außenwelt ablöst, verfällt es unter dem Einfluss der Innenwelt in die Psychose.

Auf diese Einsichten gründen wir unseren Heilungsplan. Das Ich ist durch den inneren Konflikt geschwächt, wir müssen ihm zu Hilfe kommen. Es ist wie in einem Bürgerkrieg, der durch den Beistand eines Bundesgenossen von außen entschieden werden soll. Der analytische Arzt und das geschwächte Ich des Kranken sollen, an die reale Außenwelt angelehnt, eine Partei bilden gegen die Feinde, die Triebansprüche des Es und die Gewissensansprüche des Über-Ichs. Wir schließen einen Vertrag miteinander. Das kranke Ich verspricht uns vollste Aufrichtigkeit, d. h. die Verfügung über allen Stoff, den ihm seine Selbstwahrnehmung liefert, wir sichern ihm strengste Diskretion zu und stellen unsere Erfahrung in der Deutung des vom Unbewussten beeinflussten Materials in seinen Dienst. Unser Wissen soll sein Unwissen gutmachen, soll seinem Ich die Herrschaft über verlorene Bezirke des Seelenlebens wiedergeben. In diesem Vertrag besteht die analytische Situation.

Schon nach diesem Schritt erwartet uns die erste Enttäuschung, die erste Mahnung zur Bescheidenheit. Soll das Ich des Kranken ein wertvoller Bundesgenosse bei unserer gemeinsamen Arbeit sein, so muss es sich trotz aller Bedrängnis durch die ihm feindlichen Mächte ein gewisses Maß von Zusammenhalt, ein Stück Einsicht für die Anforderungen der Wirklichkeit bewahrt haben. Aber das ist vom Ich des Psychotikers nicht zu erwarten, dieses kann einen solchen Vertrag nicht einhalten, ja kaum ihn eingehen. Es wird sehr bald unsere Person und die Hilfe, die wir ihm anbieten, zu den Anteilen der Außenwelt geworfen haben, die ihm nichts mehr bedeuten. So erkennen wir, dass wir darauf verzichten müssen, unseren Heilungsplan beim Psychotiker zu versuchen. Vielleicht für immer verzichten, vielleicht nur zeitweilig, bis wir einen anderen, für ihn tauglicheren Plan gefunden haben.

Es gibt aber eine andere Klasse von psychisch Kranken, die den Psychotikern offenbar sehr nahestehen, die ungeheure Anzahl der schwer leidenden Neurotiker. Die Krankheitsbedingungen wie die pathogenen Mechanismen müssen bei ihnen dieselben sein oder wenigstens sehr ähnlich. Aber ihr Ich hat sich widerstandsfähiger gezeigt, ist weniger desorganisiert worden. Viele von ihnen konnten sich trotz all ihrer Beschwerden und der von ihnen verursachten Unzulänglichkeiten noch im realen Leben behaupten. Diese Neurotiker mögen sich bereit zeigen, unsere Hilfe anzunehmen. Wir wollen unser Interesse auf sie beschränken und versuchen, wie weit und auf welchen Wegen wir sie »heilen« können.

Mit den Neurotikern schließen wir also den Vertrag: volle Aufrichtigkeit gegen strenge Diskretion. Das macht den Eindruck, als strebten wir nur die Stellung eines weltlichen Beichtvaters an. Aber der Unterschied ist groß, denn wir wollen von ihm nicht nur hören, was er weiß und vor anderen verbirgt, sondern er soll uns auch erzählen, was er nicht weiß. In dieser Absicht geben wir ihm eine nähere Bestimmung dessen, was wir unter Aufrichtigkeit verstehen. Wir verpflichten ihn auf die analytische *Grundregel,* die künftighin sein Verhalten gegen uns beherrschen soll. Er soll uns nicht nur mitteilen, was er absichtlich und gern sagt, was ihm wie in einer Beichte Erleichterung bringt, sondern auch alles andere, was ihm seine Selbstbeobachtung liefert, alles, was ihm in den Sinn kommt, auch wenn es ihm *unangenehm* zu sagen ist, auch wenn es ihm *unwichtig* oder sogar *unsinnig* erscheint. Gelingt es ihm, nach dieser Anweisung seine Selbstkritik auszuschalten, so liefert er uns eine Fülle von Material, Gedanken, Einfällen, Erinnerungen, die bereits unter dem Einfluss des Unbewussten stehen, oft direkte Abkömmlinge desselben sind und die uns also in den Stand setzen, das bei ihm verdrängte Unbewusste zu erraten und durch unsere Mitteilung die Kenntnis seines Ichs von seinem Unbewussten zu erweitern.

Aber weit entfernt davon, dass die Rolle seines Ichs sich darauf beschränken würde, in passivem Gehorsam uns das verlangte Material zu bringen und unsere Übersetzung desselben gläubig hinzunehmen. Es ereignet sich manches andere, einiges, was wir voraussehen durften, anderes, was uns überraschen muss. Das Merkwürdigste ist, dass der Patient nicht dabei bleibt, den Analytiker im Lichte der Realität zu betrachten als den Helfer und Berater, den man überdies für seine Mühewaltung entlohnt und der sich selbst gern mit der Rolle etwa eines Bergführers auf einer schwierigen Gebirgstour begnügen würde, sondern dass er in ihm eine Wiederkehr – Reinkarnation – einer wichtigen Person aus seiner Kindheit, Vergangenheit erblickt und darum Gefühle und Reaktionen auf ihn überträgt, die sicherlich diesem Vorbild gegolten haben. Diese Tatsache der Übertragung erweist sich bald als ein Moment von ungeahnter Bedeutung, einerseits ein Hilfsmittel von unersetzlichem Wert, andererseits eine Quelle ernster Gefahren. Diese Übertragung ist *ambivalent,* sie umfasst positive, zärtliche wie negative, feindselige Einstellungen gegen den Analytiker, der in der Regel an die Stelle eines Elternteils, des Vaters oder der Mutter, gesetzt wird. Solange sie positiv ist, leistet sie uns die besten Dienste. Sie verändert die ganze analytische Situation, drängt die rationelle Absicht, gesund und leidensfrei zu werden, zur Seite. An ihre Stelle tritt die Absicht, dem Analytiker zu gefallen, seinen Beifall, seine Liebe zu gewinnen. Sie wird die eigentliche Triebfeder der Mitarbeit des Patienten, das schwache Ich wird stark, unter ihrem Einfluss bringt er Leistungen zustande, die ihm sonst unmöglich wären, stellt seine Symptome ein, wird anscheinend gesund, nur dem Analytiker zuliebe. Der Analytiker mag sich beschämt eingestehen, dass er eine schwierige Unternehmung begonnen hat, ohne zu ahnen, welch außerordentliche Machtmittel sich ihm zur Verfügung stellen würden.

Das Verhältnis der Übertragung bringt außerdem noch zwei andere Vorteile mit sich. Setzt der Patient den Analytiker an die Stelle seines Vaters (seiner Mutter), so räumt er ihm auch die Macht ein, die sein Über-Ich über sein Ich ausübt, denn diese Eltern sind ja der Ursprung des Über-Ichs gewesen. Das neue Über-Ich hat nun Gelegenheit zu einer Art von *Nacherziehung* des Neurotikers, es kann Missgriffe korrigieren, die sich die Eltern in ihrer Erziehung zuschulden kommen ließen. Hier setzt allerdings die Warnung ein, den neuen Einfluss nicht zu missbrauchen. Sosehr es den Analytiker verlocken mag, Lehrer, Vorbild und Ideal für andere zu werden, Menschen nach seinem Vorbild zu schaffen, er darf nicht vergessen, dass dies nicht seine Aufgabe im analytischen Verhältnis ist, ja dass er seiner Aufgabe untreu wird, wenn er sich von seiner Neigung fortreißen lässt. Er wiederholt dann nur einen Fehler der Eltern, die die Unabhängigkeit des Kindes durch ihren Einfluss erdrückt hatten, ersetzt nur die frühere Abhängigkeit durch eine neuere. Der Analytiker soll aber bei allen Bemühungen, zu bessern und zu erziehen, die Eigenart des Patienten respektieren. Das Maß von Beeinflussung, dessen er sich legitimerweise getraut, wird durch den Grad der Entwicklungshemmung bestimmt werden, den er bei dem Patienten vorfindet. Manche Neurotiker sind so infantil geblieben, dass sie auch in der Analyse nur wie Kinder behandelt werden können.

Ein anderer Vorteil der Übertragung ist noch, dass der Patient uns in ihr mit plastischer Deutlichkeit ein wichtiges Stück seiner Lebensgeschichte vorführt, über das er uns wahrscheinlich sonst nur ungenügende Auskunft gegeben hätte. Er agiert gleichsam vor uns, anstatt uns zu berichten.

Und nun zur anderen Seite des Verhältnisses. Da die Übertragung die Beziehung zu den Eltern reproduziert, übernimmt sie auch deren Ambivalenz. Es ist kaum zu vermeiden, dass die positive Einstellung zum Analytiker eines Tages in die negative, feindselige umschlägt. Auch diese ist gewöhnlich eine Wiederholung der Vergangenheit. Die Gefügigkeit gegen den Vater (wenn es sich um ihn handelte), das Werben um seine Gunst wurzelte in einem erotischen, auf seine Person gerichteten Wunsch. Irgendeinmal drängt sich dieser Anspruch auch in der Übertragung hervor und besteht auf Befriedigung. Er kann in der analytischen Situation nur auf Versagung stoßen. Reale sexuelle Beziehungen zwischen Patienten und Analytiker sind ausgeschlossen, auch die feineren Weisen der Befriedigung wie Bevorzugung, Intimität usw. werden vom Analytiker nur in spärlichem Ausmaß gewährt. Solche Verschmähung wird zum Anlass der Umwandlung genommen, wahrscheinlich ging dasselbe in der Kindheit des Patienten vor sich.

Die Heilerfolge, die unter der Herrschaft der positiven Übertragung zustande kamen, stehen im Verdacht, *suggestiver* Natur zu sein. Gewinnt die negative Übertragung die Oberhand, so werden sie wie Spreu vor dem Wind hinweggeweht. Man merkt mit Schrecken, dass alle Mühe und Arbeit bisher vergeblich war. Ja, auch was man für einen bleibenden intellektuellen Gewinn des Patienten halten durfte, sein Verständnis für die Psychoanalyse, sein Vertrauen in deren Wirksamkeit, sind plötzlich verschwunden. Er benimmt sich wie das Kind, das kein eigenes Urteil hat, das blind dem glaubt, dem seine Liebe gehört, und keinem Fremden. Offenbar besteht die Gefahr dieser Übertragungszustände darin, dass der Patient ihre Natur verkennt und sie für neue reale Erlebnisse hält anstatt für Spiegelungen der Vergangenheit. Verspürt er (oder sie) das starke erotische Bedürfnis, das sich hinter der positiven Übertragung birgt, so glaubt er, sich leidenschaftlich verliebt zu haben; schlägt die Übertragung um, so hält er sich für beleidigt und vernachlässigt, hasst den Analytiker als seinen Feind und ist bereit, die Analyse aufzugeben. In beiden extremen Fällen hat er den Vertrag vergessen, den er zu Eingang der Behandlung angenommen hatte, ist er für die Fortsetzung der gemeinsamen Arbeit unbrauchbar geworden. Der Analytiker hat die

Aufgabe, den Patienten jedes Mal aus der Gefahr drohenden Illusion zu reißen, ihm immer wieder zu zeigen, dass es eine Spiegelung der Vergangenheit ist, was er für ein neues, reales Leben hält. Und damit er nicht in einen Zustand gerate, der ihn unzugänglich für alle Beweismittel macht, sorgt man dafür, dass weder die Verliebtheit noch die Feindseligkeit eine extreme Höhe erreichen. Man tut dies, indem man ihn frühzeitig auf diese Möglichkeiten vorbereitet und deren erste Anzeichen nicht unbeachtet lässt. Solche Sorgfalt in der Handhabung der Übertragung pflegt sich reichlich zu lohnen. Gelingt es, wie zumeist, den Patienten über die wirkliche Natur der Übertragungsphänomene zu belehren, so hat man seinem Widerstand eine mächtige Waffe aus der Hand geschlagen, Gefahren in Gewinne verwandelt; denn was der Patient in den Formen der Übertragung erlebt hat, das vergisst er nicht wieder, das hat für ihn stärkere Überzeugungskraft als alles auf andere Art Erworbene.

Es ist uns sehr unerwünscht, wenn der Patient außerhalb der Übertragung *agiere* anstatt zu erinnern; das für unsere Zwecke ideale Verhalten wäre, wenn er sich außerhalb der Behandlung möglichst normal benähme und seine abnormen Reaktionen nur in der Übertragung äußerte.

Unser Weg, das geschwächte Ich zu stärken, geht von der Erweiterung seiner Selbsterkenntnis aus. Wir wissen, dies ist nicht alles, aber es ist der erste Schritt. Der Verlust an solcher Kenntnis bedeutet für das Ich Einbuße an Macht und Einfluss, er ist das nächste greifbare Anzeichen dafür, dass es von den Anforderungen des Es und des Über-Ichs eingeengt und behindert ist. Somit ist das erste Stück unserer Hilfeleistung eine intellektuelle Arbeit von unserer Seite und eine Aufforderung zur Mitarbeit daran für den Patienten. Wir wissen, diese erste Tätigkeit soll uns den Weg bahnen zu einer anderen, schwierigeren Aufgabe. Wir werden den dynamischen Anteil derselben auch während der Einleitung nicht aus den Augen verlieren. Den Stoff für unsere Arbeit gewinnen wir aus verschiedenen Quellen, aus dem, was uns seine Mitteilungen und freien Assoziationen andeuten, was er uns in seinen Übertragungen zeigt, was wir aus der Deutung seiner Träume entnehmen, was er durch seine *Fehlleistungen* verrät. All das Material verhilft uns zu Konstruktionen über das, was mit ihm vorgegangen ist und was er vergessen hat, wie über das, was jetzt in ihm vorgeht, ohne dass er es versteht. Wir versäumen dabei aber nie, unser Wissen und sein Wissen streng auseinanderzuhalten. Wir vermeiden es, ihm, was wir oft sehr frühzeitig erraten haben, sofort mitzuteilen oder ihm alles mitzuteilen, was wir glauben erraten zu haben. Wir überlegen uns sorgfältig, wann wir ihn zum Mitwisser einer unserer Konstruktionen machen sollen, warten einen Moment ab, der uns der geeignete zu sein scheint, was nicht immer leicht zu entscheiden ist. In der Regel verzögern wir die Mitteilung einer Konstruktion, die Aufklärung, bis er sich selbst derselben so weit genähert hat, dass ihm nur ein Schritt, allerdings die entscheidende Synthese, zu tun übrig bleibt. Würden wir anders verfahren, ihn mit unseren Deutungen überfallen, ehe er für sie vorbereitet ist, so bliebe die Mitteilung entweder erfolglos oder sie würde einen heftigen Ausbruch von *Widerstand* hervorrufen, der die Fortsetzung der Arbeit erschweren oder selbst infrage stellen könnte. Haben wir aber alles richtig vorbereitet, so erreichen wir oft, dass der Patient unsere Konstruktion unmittelbar bestätigt und den vergessenen inneren oder äußeren Vorgang selbst erinnert. Je genauer sich die Konstruktion mit den Einzelheiten des Vergessenen deckt, desto leichter wird ihm seine

Zustimmung. Unser Wissen in diesem Stück ist dann auch sein Wissen geworden.

Mit der Erwähnung des Widerstandes sind wir an den zweiten, wichtigeren Teil unserer Aufgabe herangekommen. Wir haben schon gehört, dass sich das Ich gegen das Eindringen unerwünschter Elemente aus dem unbewussten und verdrängten Es durch Gegenbesetzungen schützt, deren Intaktheit eine Bedingung seiner normalen Funktion ist. Je bedrängter sich das Ich nun fühlt, desto krampfhafter beharrt es, gleichsam verängstigt, auf diesen Gegenbesetzungen, um seinen Restbestand vor weiteren Einbrüchen zu beschützen. Diese defensive Tendenz stimmt aber durchaus nicht zu den Absichten unserer Behandlung. Wir wollen im Gegenteil, dass das Ich, durch die Sicherheit unserer Hilfe kühn geworden, den Angriff wage, um das Verlorene wieder zu erobern. Dabei bekommen wir nun die Stärke dieser Gegenbesetzungen als *Widerstände* gegen unsere Arbeit zu spüren. Das Ich schreckt vor solchen Unternehmungen zurück, die gefährlich scheinen und mit Unlust drohen, es muss beständig angeeifert und beschwichtigt werden, um sich uns nicht zu verweigern. Diesen Widerstand, der die ganze Behandlung über anhält und sich bei jedem neuen Stück der Arbeit erneuert, heißen wir, nicht ganz korrekt, den *Verdrängungs-Widerstand*. Wir werden hören, dass es nicht der einzige ist, der uns bevorsteht. Es ist interessant, dass sich in dieser Situation die Parteibildung gewissermaßen umkehrt, denn das Ich sträubt sich gegen unsere Anregung, das Unbewusste aber, sonst unser Gegner, leistet uns Hilfe, denn es hat einen natürlichen »Auftrieb«, es verlangt nichts so sehr, als über die ihm gesetzten Grenzen ins Ich und bis zum Bewusstsein vorzudringen. Der Kampf, der sich entspinnt, wenn wir unsere Absicht erreichen und das

Ich zur Überwindung seiner Widerstände bewegen können, vollzieht sich unter unserer Leitung und mit unserer Hilfeleistung. Es ist gleichgültig, welchen Ausgang er nimmt, ob er dazu führt, dass das Ich einen bisher zurückgewiesenen Triebanspruch nach neuerlicher Prüfung annimmt, oder ob es ihn wiederum, diesmal endgültig, verwirft. In beiden Fällen ist eine dauernde Gefahr beseitigt, der Umfang des Ichs erweitert und ein kostspieliger Aufwand überflüssig gemacht worden.

Die Überwindung der Widerstände ist der Teil unserer Arbeit, der die meiste Zeit und die größte Mühe in Anspruch nimmt. Er lohnt sich aber auch, denn er bringt eine vorteilhafte Ichveränderung zustande, die sich unabhängig vom Erfolg der Übertragung erhalten und im Leben bewähren wird. Gleichzeitig haben wir auch an der Beseitigung jener Ichveränderung gearbeitet, die sich unter dem Einfluss des Unbewussten hergestellt hatte, denn wann immer wir solche Abkömmlinge desselben im Ich nachweisen konnten, haben wir ihre illegitime Herkunft aufgezeigt und das Ich zu ihrer Verwerfung angeregt. Wir erinnern uns, es war eine der Vorbedingungen unserer vertragsmäßigen Hilfeleistung, dass eine solche Ichveränderung durch das Eindringen unbewusster Elemente ein gewisses Ausmaß nicht überstiegen habe.

Je weiter unsere Arbeit fortschreitet und je tiefer sich unsere Einsicht in das Seelenleben des Neurotikers gestaltet, desto deutlicher drängt sich uns die Kenntnis zweier neuer Momente auf, die als Quellen des Widerstandes die größte Beachtung fordern. Beide sind dem Kranken völlig unbekannt, beide konnten beim Abschluss unseres Vertrages nicht berücksichtigt werden; sie gehen auch nicht vom Ich des Patienten aus. Man kann sie unter dem gemeinsamen

Namen Krankheits- oder Leidensbedürfnis zusammenfassen, aber sie sind verschiedener Herkunft, wenn auch sonst verwandter Natur. Das erste dieser beiden Momente ist das Schuldgefühl oder Schuldbewusstsein, wie es mit Hinwegsetzung über die Tatsache genannt wird, dass der Kranke es nicht verspürt und nicht erkennt. Es ist offenbar der Beitrag zum Widerstand, den ein besonders hart und grausam gewordenes Über-Ich leistet. Das Individuum soll nicht gesund werden, sondern krank bleiben, denn es verdient nichts Besseres. Dieser Widerstand stört eigentlich unsere intellektuelle Arbeit nicht, aber er macht sie unwirksam, ja, er gestattet oft, dass wir eine Form des neurotischen Leidens aufheben, ist aber sofort bereit, sie durch eine andere, eventuell durch eine somatische Erkrankung zu ersetzen. Dieses Schuldbewusstsein erklärt auch die gelegentlich beobachtete Heilung oder Besserung schwerer Neurosen durch reale Unglücksfälle; es kommt nämlich nur darauf an, dass man elend sei, gleichgültig in welcher Weise. Die klaglose Ergebenheit, mit der solche Personen oft ihr schweres Schicksal ertragen, ist sehr merkwürdig, aber auch verräterisch. In der Abwehr dieses Widerstandes müssen wir uns auf das Bewusstmachen desselben und auf den Versuch zum langsamen Abbau des feindseligen Über-Ichs beschränken.

Weniger leicht ist es, die Existenz eines anderen Widerstandes zu erweisen, in dessen Bekämpfung wir uns besonders unzulänglich finden. Es gibt unter den Neurotikern Personen, bei denen, nach all ihren Reaktionen zu urteilen, der Trieb zur Selbsterhaltung geradezu eine Verkehrung erfahren hat. Sie scheinen auf nichts anderes als auf Selbstschädigung und Selbstzerstörung auszugehen. Vielleicht gehören auch die Personen, welche am Ende wirklich Selbstmord begehen, zu dieser Gruppe. Wir nehmen an, dass bei ihnen weitgehende Triebentmischungen stattgefunden haben, in deren Folge übergroße Quantitäten des nach innen gewendeten Destruktionstriebs frei geworden sind. Solche Patienten können die Herstellung durch unsere Behandlung nicht erträglich finden, sie widerstreben ihr mit allen Mitteln. Aber wir gestehen es zu, dies ist ein Fall, dessen Aufklärung uns noch nicht ganz geglückt ist.

Überblicken wir jetzt nochmals die Situation, in die wir uns mit unserem Versuch, dem neurotischen Ich Hilfe zu bringen, begeben haben. Dieses Ich kann die Aufgabe, welche ihm die Außenwelt einschließlich der menschlichen Gesellschaft stellt, nicht mehr erfüllen. Es verfügt nicht über all seine Erfahrungen, ein großer Teil seines Erinnerungsschatzes ist ihm abhandengekommen. Seine Aktivität wird durch strenge Verbote des Über-Ichs gehemmt, seine Energie verzehrt sich in vergeblichen Versuchen zur Abwehr der Ansprüche des Es. Überdies ist es infolge der fortgesetzten Einbrüche des Es in seiner Organisation geschädigt, in sich gespalten, bringt keine ordentliche Synthese mehr zustande, wird von einander widerstrebenden Strebungen, unerledigten Konflikten, ungelösten Zweifeln zerrissen. Wir lassen dies geschwächte Ich des Patienten zunächst an der rein intellektuellen Deutungsarbeit teilnehmen, die eine provisorische Ausfüllung der Lücken in seinem seelischen Besitz anstrebt, lassen uns die Autorität seines Über-Ichs übertragen, feuern es an, den Kampf um jeden einzelnen Anspruch des Es aufzunehmen und die Widerstände zu besiegen, die sich dabei ergeben. Gleichzeitig stellen wir die Ordnung in seinem Ich wieder her, indem wir die aus dem Unbewussten eingedrungenen Inhalte und Strebungen aufspüren und durch Rückführung auf ihren Ursprung der Kritik bloßstellen. Wir dienen dem Patienten in verschiedenen Funktionen als Autorität und Elternersatz, als Lehrer und Erzieher, das Beste haben wir für ihn getan, wenn wir als Analytiker die psychischen Vorgänge in seinem Ich aufs normale Niveau heben, unbewusst Gewordenes und Verdrängtes in Vorbewusstes verwandeln und damit dem Ich wieder zu eigen geben. Auf der Seite des Patienten wirken für uns einige rationelle Momente wie das durch sein Leiden motivierte Bedürfnis nach Genesung und das intellektuelle Interesse, das wir bei ihm für die Lehren und Enthüllungen der Psychoanalyse wecken konnten, mit weit stärkeren Kräften aber die positive Übertragung, mit der er uns entgegenkommt. Auf der anderen Seite streiten gegen uns die negative Übertragung, der Verdrängungswiderstand des Ichs, d. h. seine Unlust, sich der ihm aufgetragenen schweren Arbeit auszusetzen, das Schuldgefühl aus dem Verhältnis zum Über-Ich und das Krankheitsbedürfnis aus tiefgreifenden Veränderungen seiner Triebökonomie. Von dem Anteil der beiden letzteren Faktoren hängt es ab, ob wir seinen Fall einen leichten oder schweren nennen werden. Unabhängig von diesen lassen sich einige andere Momente erkennen, die als günstig oder ungünstig in Betracht kommen. Eine gewisse psychische Trägheit, eine Schwerbeweglichkeit der Libido, die ihre Fixierungen nicht verlassen will, kann uns nicht willkommen sein; die Fähigkeit der Person zur Triebsublimierung spielt eine große Rolle und ebenso ihre Fähigkeit zur Erhebung über das grobe Triebleben sowie die relative Macht ihrer intellektuellen Funktionen.

Wir sind nicht enttäuscht, sondern finden es durchaus begreiflich, wenn wir zum Schluss kommen, dass der Endausgang des Kampfes, den wir aufgenommen haben, von quantitativen Relationen abhängt, von dem Energiebetrag, den wir zu unseren Gunsten beim Patienten mobilisieren können, im Vergleich zur Summe der Energien der Mächte, die gegen uns wirken. Gott ist hier wieder einmal mit den stärkeren Bataillonen – gewiss erreichen wir nicht immer, zu siegen, aber wenigstens können wir meistens erkennen, warum wir nicht gesiegt haben. Wer unseren Ausführungen nur aus therapeutischem Interesse gefolgt ist, wird sich vielleicht nach diesem Eingeständnis geringschätzig abwenden. Aber uns beschäftigt die Therapie hier nur insoweit, als sie mit psychologischen Mitteln arbeitet, derzeit haben wir keine anderen. Die Zukunft mag uns lehren, mit besonderen chemischen Stoffen die Energiemengen und deren Verteilungen im seelischen Apparat direkt zu beeinflussen. Vielleicht ergeben sich noch ungeahnte andere Möglichkeiten der Therapie; vorläufig steht uns nichts Besseres zu Gebote als die psychoanalytische Technik, und darum sollte man sie trotz ihrer Beschränkungen nicht verachten.

VII. Kapitel

Eine Probe psychoanalytischer Arbeit

Wir haben uns eine allgemeine Kenntnis des psychischen Apparates verschafft, der Teile, Organe, Instanzen, aus denen er zusammengesetzt ist, der Kräfte, die in ihm wirken, der Funktionen, mit denen seine Teile betraut sind. Die Neurosen und Psychosen sind die Zustände, in denen sich die Funktionsstörungen des Apparates Ausdruck verschaffen. Zu unseren Studienobjekten haben wir die Neurosen gewählt, weil sie allein den psychologischen Methoden unserer Eingriffe zugänglich erscheinen. Während wir uns bemühen, sie zu beeinflussen, sammeln wir die Beobachtungen, die uns ein Bild von ihrer Herkunft und der Weise ihrer Entstehung geben.

Eines unserer Hauptergebnisse wollen wir unserer Darstellung voranschicken. Die Neurosen haben nicht wie z. B. die Infektionskrankheiten spezifische Krankheitsursachen. Es wäre müßig, bei ihnen nach Krankheitserregern zu suchen. Sie sind durch fließende Übergänge mit der sogenannten Norm verbunden, und anderseits gibt es kaum einen als normal anerkannten Zustand, in dem nicht Andeutungen neurotischer Züge nachweisbar wären. Die Neurotiker bringen ungefähr die gleichen Anlagen mit wie andere Menschen, sie erleben dasselbe, sie haben keine anderen Aufgaben zu erledigen. Warum also leben sie um so viel schlechter und schwieriger und leiden dabei an mehr Unlustempfindungen, Angst und Schmerzen?

Die Antwort auf diese Frage brauchen wir nicht schuldig zu bleiben. Es sind quantitative *Disharmonien,* die für die Unzulänglichkeit und für die Leiden der Neurotiker verantwortlich zu machen sind. Die Verursachung aller Gestaltungen des menschlichen Seelenlebens ist ja in der Wechselwirkung von mitgebrachten Dispositionen und akzidentellen Erlebnissen zu suchen. Nun mag ein bestimmter Trieb zu stark oder zu schwach angelegt sein, eine bestimmte Fähigkeit verkümmert oder im Leben nicht genügend ausgebildet – andererseits können die äußeren Eindrücke und Erlebnisse verschieden starke Anforderungen an die einzelnen Menschen stellen, und was die Konstitution des einen noch bewältigen kann, mag für den anderen eine allzu schwere Aufgabe sein. Die quantitativen Differenzen werden die Verschiedenheit des Ausgangs bedingen.

Wir werden uns aber sehr bald sagen, diese Erklärung sei nicht befriedigend. Sie ist zu allgemein, sie erklärt zu viel. Die angegebene Ätiologie gilt für alle Fälle von seelischem Leid, Elend und Lähmung, aber nicht alle solchen Zustände können neurotisch genannt werden. Die Neurosen haben spezifische Charaktere, sie sind ein Elend besonderer Art. So werden wir also doch erwarten müssen, spezifische Ursachen für sie zu finden, oder wir können uns die Vorstellung bilden, dass unter den Aufgaben, die das Seelenleben bewältigen soll, einige sind, an denen es besonders leicht scheitert, sodass sich die Besonderheit der oft sehr merkwürdigen neurotischen Phänomene daraus ableiten ließe, ohne dass wir unsere vorigen Behauptungen zu widerrufen brauchten. Wenn es richtig bleibt, dass die Neurosen sich in nichts Wesentlichem von der Norm entfernen, so verspricht ihr Studium, uns wertvolle Beiträge zur Kenntnis dieser Norm zu liefern. Wir werden dabei vielleicht die »schwachen Punkte« einer normalen Organisation entdecken.

Unsere obige Vermutung bestätigt sich. Die analytischen Erfahrungen lehren uns, dass es wirklich einen Triebanspruch gibt, dessen Bewältigung am ehesten misslingt oder nur unvollkommen gelingt, und eine Lebenszeit, die für die Entstehung einer Neurose ausschließlich oder vorwiegend in Betracht kommt. Die beiden Momente Triebnatur und Lebenszeit verlangen gesonderte Betrachtung, obwohl sie genug miteinander zu tun haben.

Über die Rolle der Lebenszeit können wir uns mit ziemlicher Sicherheit äußern. Es scheint, dass Neurosen nur in der ersten Kindheit (bis zum 6. Jahr) erworben werden, wenn auch ihre Symptome erst viel später zum Vorschein kommen mögen. Die Kindheitsneurose mag für kurze Zeit manifest werden oder selbst übersehen werden. Die spätere neurotische Erkrankung knüpft in allen Fällen an das Vorspiel in der Kindheit an. Vielleicht macht die sogenannte traumatische Neurose (durch überstarken Schreck, schwere somatische Erschütterungen, wie Eisenbahnzusammenstoß, Verschüttung u. dgl.) hiervon eine Ausnahme; ihre Beziehungen zur infantilen Bedingung haben sich bisher der Untersuchung entzogen. Die ätiologische Bevorzugung der ersten Kindheitsperiode ist leicht zu begründen. Die Neurosen sind, wie wir wissen, Affektionen des Ichs, und es ist nicht zu verwundern, dass das Ich, solange es schwach, unfertig und widerstandsunfähig ist, an der Bewältigung von Aufgaben scheitert, die es späterhin spielend erledigen könnte. (Die Triebansprüche von innen wie die Erregungen von der Außenwelt wirken dann als »Traumen«, besonders wenn ihnen gewisse Dispositionen entgegenkommen.) Das hilflose Ich erwehrt sich ihrer durch Fluchtversuche *(Verdrängungen),* die sich später als unzweckmäßig herausstellen und dauernde Einschränkungen für die weitere Entwicklung bedeuten. Die Schädigungen des Ichs durch seine ersten Erlebnisse erscheinen uns unverhältnismäßig groß, aber man braucht zur Analogie nur an den Unterschied des Effekts zu denken, wenn man wie in den Versuchen von *Roux* einen Nadelstich gegen den in Teilung begriffenen Haufen von Keimzellen führt, anstatt gegen das fertige Tier, das sich später daraus entwickelt hat. Keinem menschlichen Individuum werden solche traumatischen Erlebnisse erspart, keines wird der durch sie angeregten Verdrängungen enthoben. Diese bedenklichen Reaktionen des Ichs sind vielleicht unentbehrlich für die Erreichung eines anderen Ziels, das derselben Lebenszeit gesteckt ist. Der kleine Primitive soll in wenigen Jahren ein zivilisiertes Menschenkind geworden sein, ein ungeheuer langes Stück der menschlichen Kulturentwicklung in fast unheimlicher Verkürzung durchgemacht haben. Dies wird durch hereditäre Disposition ermöglicht, kann aber fast niemals die Nachhilfe der Erziehung, des Elterneinflusses, entbehren, die als Vorläufer des Über-Ichs die Aktivität des Ichs durch Verbote und Strafen einschränkt und die Vornahme von Verdrängungen begünstigt oder erzwingt. Somit darf man nicht vergessen, auch den Kultureinfluss unter die Bedingungen der Neurose aufzunehmen. Der Barbar, erkennen wir, hat es leicht, gesund zu sein, für den Kulturmenschen ist es eine schwere Aufgabe. Die Sehnsucht nach einem starken, ungehemmten Ich mögen wir begreiflich finden; wie uns die gegenwärtige Zeit lehrt, ist sie im tiefsten Sinn kulturfeindlich. Und da die Kulturforderungen durch die Erziehung in der Familie vertreten werden, müssen wir auch dieses biologischen Charakters der Menschenart, der verlängerten Periode kindlicher Abhängigkeit, in der Ätiologie der Neurosen gedenken.

Was den anderen Punkt, das spezifische Triebmoment, anbelangt, so entdecken wir hier eine interessante Dissonanz zwischen Theorie und Erfahrung. Theoretisch besteht kein Einwand gegen die Annahme, jeder beliebige Triebanspruch könne zu den gleichen Verdrängungen mit ihren Folgen Anlass geben; unsere Beobachtung zeigt uns aber regelmäßig, soweit wir es beurteilen können, dass die Erregungen, denen diese pathogene Rolle zukommt, von Partialtrieben des Sexuallebens herrühren. Die Symptome der Neurosen sind durchweg, man möchte sagen, entweder Ersatzbefriedigung irgendeines sexuellen Strebens oder Maßnahmen zu ihrer Verhinderung, in der Regel Kompromisse von beiden, wie sie nach den für das Unbewusste geltenden Gesetzen zwischen Gegensätzen zustande kommen. Die Lücke in unserer Theorie ist derzeit nicht auszufüllen;

die Entscheidung wird dadurch erschwert, dass die meisten Strebungen des Sexuallebens nicht rein erotischer Natur sind, sondern aus Legierungen von erotischen mit Anteilen des Destruktionstriebs hervorgegangen. Es kann aber keinem Zweifel unterliegen, dass die Triebe, welche sich physiologisch als Sexualität kundgeben, eine hervorragende, unerwartet große Rolle in der Verursachung der Neurosen spielen; ob eine ausschließliche, bleibe dahingestellt. Man muss auch in Erwägung ziehen, dass keine andere Funktion im Laufe der Kulturentwicklung eine so energische und so weitgehende Zurückweisung erfahren hat wie gerade die sexuelle. Die Theorie wird sich mit einigen Hinweisen begnügen müssen, welche einen tieferen Zusammenhang verraten: dass die erste Kindheitsperiode, während der sich das Ich aus dem Es zu differenzieren beginnt, auch die Zeit der sexuellen Frühblüte ist, der die Latenzzeit ein Ende macht, dass es kaum zufällig ist, wenn diese bedeutungsvolle Vorzeit später der infantilen Amnesie verfällt, und endlich, dass biologische Veränderungen im Sexualleben wie eben der zweizeitige Ansatz der Funktion, der Verlust des Charakters der Periodizität in der sexuellen Erregtheit und die Wandlung im Verhältnis der weiblichen Menstruation zur männlichen Erregung, dass diese Neuerungen in der Sexualität sehr bedeutungsvoll für die Entwicklung vom Tier zum Menschen gewesen sein müssen. Zukünftiger Wissenschaft bleibt es vorbehalten, die jetzt noch isolierten Daten zu einer neuen Einsicht zusammenzusetzen. Es ist nicht die Psychologie, sondern die Biologie, die hier eine Lücke zeigt. Wir haben vielleicht nicht unrecht, wenn wir sagen, der schwache Punkt in der Organisation des Ichs läge in seinem Verhalten zur Sexualfunktion, als hätte sich der biologische

Gegensatz zwischen Selbsterhaltung und Arterhaltung hier einen psychologischen Ausdruck geschaffen.

Wenn die analytische Erfahrung uns von der vollen Richtigkeit der oft gehörten Behauptung überzeugt hat, das Kind sei psychologisch der Vater des Erwachsenen und die Erlebnisse seiner ersten Jahre seien von unübertroffener Bedeutung für sein ganzes späteres Leben, so wird es ein besonderes Interesse für uns haben, wenn es etwas gibt, was man als das zentrale Erlebnis dieser Kindheitsperiode bezeichnen darf. Unsere Aufmerksamkeit wird zunächst von den Wirkungen gewisser Einflüsse angezogen, die nicht alle Kinder betreffen, obwohl sie häufig genug vorkommen, wie der sexuelle Missbrauch von Kindern durch Erwachsene, ihre Verführung durch andere, wenig ältere Kinder (Geschwister) und, unerwartet genug, ihr Ergriffensein durch die Teilnahme als Ohren- und Augenzeugen an sexuellen Vorgängen zwischen Erwachsenen (den Eltern) meist zu einer Zeit, da man ihnen weder Interesse noch Verständnis für solche Eindrücke zutraut, noch die Fähigkeit, sich später an sie zu erinnern. Es ist leicht festzustellen, in welchem Ausmaß die sexuelle Empfänglichkeit des Kindes durch solche Erlebnisse geweckt und sein eigenes Sexualstreben in bestimmte Bahnen gedrängt wird, die es nicht wieder verlassen kann. Da diese Eindrücke entweder sofort oder sobald sie als Erinnerung wiederkehren wollen, der Verdrängung verfallen, stellen sie die Bedingung für den neurotischen Zwang her, der es dem Ich später unmöglich machen wird, die Sexualfunktion zu beherrschen, und es wahrscheinlich veranlassen wird, sich dauernd von ihr abzuwenden. Die letztere Reaktion wird eine Neurose zur Folge haben; wenn sie ausbleibt, werden sich mannigfache Perversionen entwickeln oder eine volle Unbotmäßigkeit der nicht nur für die Fortpflanzung, sondern auch für die ganze Lebensgestaltung so unermesslich wichtigen Funktion.

So lehrreich solche Fälle auch sein mögen, unser Interesse gebührt in noch höherem Grade dem Einfluss einer Situation, die allen Kindern durchzumachen bestimmt ist und die sich notwendig aus dem Moment der verlängerten Kinderpflege und des Zusammenlebens mit den Eltern ableitet. Ich meine den *Ödipuskomplex,* so genannt, weil sein wesentlicher Inhalt in der griechischen Sage vom König *Ödipus* wiederkehrt, deren Darstellung durch einen großen Dramatiker uns zum Glück erhalten geblieben ist. Der griechische Held tötet seinen Vater und nimmt seine Mutter zum Weib. Dass er es unwissentlich tut, indem er die beiden nicht als seine Eltern kennt, ist eine Abweichung vom analytischen Sachverhalt, die wir leicht verstehen, ja als notwendig anerkennen werden.

Wir müssen hier die Entwicklung von Knabe und Mädchen – Mann und Weib – gesondert beschreiben, denn nun gewinnt der Geschlechtsunterschied seinen ersten psychologischen Ausdruck. In großer Rätselhaftigkeit erhebt sich vor uns die biologische Tatsache der Zweiheit der Geschlechter, ein Letztes für unsere Kenntnis, jeder Zurückführung auf anderes trotzend. Die Psychoanalyse hat nichts zur Klärung dieses Problems beizutragen, es gehört offenbar ganz der Biologie an. Im Seelenleben finden wir nun Reflexe jenes großen Gegensatzes, deren Deutung durch die längst geahnte Tatsache erschwert wird, dass kein Einzelwesen sich auf die Reaktionsweisen eines einzigen Geschlechts eingeschränkt, sondern stets denen des entgegengesetzten einen gewissen Raum lässt, gerade wie sein Körper neben den ausgebildeten Organen des einen Geschlechts auch die verkümmerten, oft nutzlos gewordenen Rudimente des anderen mit sich trägt. Zur Unterscheidung des Männlichen vom Weiblichen im Seelenleben dient uns eine offenbar ungenügend empirische und konventionelle Gleichstellung. Wir heißen alles, was stark und aktiv ist, männlich, was schwach und passiv ist, weiblich. Diese Tatsache auch der psychologischen Bisexualität belastet alle unsere Ermittlungen, erschwert ihre Beschreibung.

Das erste erotische Objekt des Kindes ist die ernährende Mutterbrust, die Liebe entsteht in Anlehnung an das befriedigte Nahrungsbedürfnis. Die Brust wird anfangs gewiss nicht von dem eigenen Körper unterschieden, wenn sie vom Körper abgetrennt, nach *außen* verlegt werden muss, weil sie so häufig vom Kind vermisst wird, nimmt sie als *Objekt* einen Teil der ursprünglich narzisstischen Libidobesetzung mit sich. Dies erste Objekt vervollständigt sich später zur Person der Mutter, die nicht nur nährt, sondern auch pflegt und so manche andere, lustvolle wie unlustige, Körperempfindungen beim Kind hervorruft. In der Körperpflege wird sie zur ersten Verführerin des Kindes. In diesen beiden Relationen wurzelt die einzigartige, unvergleichliche, fürs ganze Leben unabänderlich festgelegte Bedeutung der Mutter als erstes und stärkstes Liebesobjekt, als Vorbild aller späteren Liebesbeziehungen – bei beiden Geschlechtern. Hierbei hat die phylogenetische Begründung so sehr die Oberhand über das persönliche akzidentelle Erleben, dass es keinen Unterschied macht, ob das Kind wirklich an der Brust gesaugt hat oder mit der Flasche genährt wurde und nie die Zärtlichkeit der Mutterpflege genießen konnte. Seine Entwicklung geht in beiden Fällen die gleichen Wege, vielleicht wächst im Letzteren die spätere Sehnsucht umso höher. Und so lange auch das Kind an der Mutterbrust genährt wurde, es wird immer nach der Entwöhnung die Überzeugung mit sich nehmen, es sei zu kurz und zu wenig gewesen.

Diese Einleitung ist nicht überflüssig, sie kann uns das Verständnis für die Intensität des Ödipuskomplexes schärfen. Wenn der Knabe (von 2 bis 3 Jahren an) in die phallische Phase seiner Libidoentwicklung eingetreten ist, lustvolle Empfindungen von seinem Geschlechtsglied empfängt und gelernt hat, sich diese durch manuelle Reizung nach Belieben zu verschaffen, wird er zum Liebhaber der Mutter. Er wünscht, sie körperlich zu besitzen in den Formen, die er durch seine Beobachtungen und Ahnungen vom Sexualleben erraten hat, sucht sie zu verführen, indem er ihr sein männliches Glied zeigt, auf dessen Besitz er stolz ist. Mit einem Wort: Seine früh erwachte Männlichkeit sucht den Vater bei ihr zu ersetzen, der ohnehin bisher sein beneidetes Vorbild gewesen war infolge der körperlichen Stärke, die er an ihm wahrnimmt, und der Autorität, mit der er ihn bekleidet findet. Jetzt ist der Vater sein Rivale, der ihm im Wege steht und den er aus dem Weg räumen möchte. Wenn er während einer Abwesenheit des Vaters das Bett der Mutter teilen durfte, aus dem er nach der Rückkehr des Vaters wieder verbannt wird, bedeuten ihm die Befriedigung beim Verschwinden des Vaters und die Enttäuschung bei seinem Wiederauftauchen tiefgreifende Erlebnisse. Dies ist der Inhalt des Ödipuskomplexes, den die griechische Sage aus der Fantasiewelt des Kindes in vorgebliche Realität übersetzt hat. In unseren kulturellen Verhältnissen wird ihm regelmäßig ein schreckhaftes Ende bereitet.

Die Mutter hat sehr wohl verstanden, dass die sexuelle Erregung des Knaben ihrer eigenen Person gilt. Irgendeinmal besinnt sie sich darauf, dass es nicht recht ist, sie gewähren zu lassen. Sie glaubt das Richtige zu tun, wenn sie ihm die manuelle Beschäftigung mit seinem Glied verbietet. Das Verbot nützt wenig, bringt höchstens eine Modifikation in der Art der Selbstbefriedigung zustande. Endlich greift die Mutter zum schärfsten Mittel, sie droht, dass sie ihm das Ding wegnehmen wird, mit dem er ihr trotzt. Gewöhnlich schiebt sie die Ausführung der Drohung dem Vater zu, um sie schreckhafter und glaubwürdiger zu machen. Sie wird es dem Vater sagen, und er wird das Glied abschneiden. Merkwürdigerweise wirkt diese Drohung nur, wenn auch vorher und nachher eine andere Bedingung erfüllt ist. An sich erscheint es dem Knaben allzu unvorstellbar, dass etwas Derartiges geschehen könnte. Aber wenn er sich bei dieser Drohung an den Anblick eines weiblichen Genitales erinnern kann oder kurz nachher ein solches Genitale zu Gesicht bekommt, ein Genitale, dem dies über alles geschätzte Stück fehlt, dann glaubt er an den Ernst dessen, was er gehört hat, und erlebt, indem er unter den Einfluss des *Kastrationskomplexes* gerät, das stärkste Trauma seines jungen Lebens.[9] Die Wirkungen der Kastrationsdrohung sind mannigfaltig und unübersehbar, sie betreffen alle Beziehungen des Knaben zu Vater und Mutter, späterhin zu Mann und Weib überhaupt. Meist hält die Männlichkeit des Kindes dieser ersten

9 Die Kastration fehlt auch in der Ödipus-Sage nicht, denn die Blendung, durch die sich Ödipus nach der Aufdeckung seines Verbrechens bestraft, ist nach dem Zeugnis der Träume ein symbolischer Ersatz der Kastration. Dass an der außerordentlichen Schreckwirkung der Drohung eine phylogenetische Erinnerungsspur mitschuldig ist an die Vorzeit der prähistorischen Familie, da der eifersüchtige Vater den Sohn wirklich des Genitales beraubte, wenn er ihm als Rivale beim Weib lästig wurde, ist nicht auszuschließen. Die uralte Sitte der Beschneidung, ein anderer Symbolersatz der Kastration, lässt sich nur verstehen als Ausdruck der Unterwerfung inner den Willen des Vaters. (Siehe die Pubertätsriten der Primitiven.) Wie sich der oben beschriebene Ablauf bei den Völkern und in den Kulturen gestaltet, die die kindliche Masturbation nicht unterdrücken, ist noch nicht untersucht worden.

Erschütterung nicht stand. Um sein Geschlechtsglied zu retten, verzichtet er mehr oder weniger vollständig auf den Besitz der Mutter, häufig bleibt sein Geschlechtsleben für alle Zeit von dem Verbot belastet. Wenn eine starke feminine Komponente, wie wir es ausdrücken, bei ihm vorhanden ist, gewinnt sie durch die Erschütterung der Männlichkeit an Stärke. Er gerät in eine passive Einstellung zum Vater, wie er sie der Mutter zuschreibt. Er hat zwar infolge der Drohung die Masturbation aufgegeben, aber nicht die sie begleitende Fantasietätigkeit. Diese wird vielmehr, da sie jetzt die einzige ihm verbliebene Form der sexuellen Befriedigung ist, mehr als vorhin gepflegt werden, und in solchen Fantasien wird er sich zwar noch immer mit dem Vater, aber auch gleichzeitig und vielleicht vorwiegend mit der Mutter identifizieren. Abkömmlinge und Umwandlungsprodukte dieser frühen Onaniefantasien pflegen sich Einlass in sein späteres Ich zu verschaffen und werden Anteil an seiner Charakterbildung bekommen. Unabhängig von solcher Förderung seiner Weiblichkeit werden Angst vor dem Vater und Hass gegen ihn eine große Steigerung erfahren. Die Männlichkeit des Knaben zieht sich gleichsam in eine Trotzstellung zum Vater zurück, die sein späteres Verhalten in der menschlichen Gemeinschaft zwangsmäßig beherrschen wird. Als Rest der erotischen Fixierung an die Mutter stellt sich oft eine übergroße Abhängigkeit von ihr her, die sich später als Hörigkeit gegen das Weib fortsetzen wird. Er getraut sich nicht mehr, die Mutter zu lieben, aber er kann es nicht riskieren, nicht von ihr geliebt zu werden, denn dann ist er in Gefahr, von ihr an den Vater verraten und der Kastration ausgeliefert zu werden. Das ganze Erlebnis mit all seinen Vorbedingungen und Folgen, von denen unsere Darstellung nur eine Auswahl geben konnte, verfällt einer höchst energischen Verdrängung, und wie es die Gesetze des unbewussten Es gestatten, bleiben alle miteinander widerstreitenden Gefühlsregungen und Reaktionen, die damals aktiviert wurden, im Unbewussten erhalten und bereit, die spätere Ichentwicklung nach der Pubertät zu stören. Wenn der somatische Prozess der sexuellen Reifung die alten anscheinend überwundenen Libidofixierungen neu belebt, wird sich das Sexualleben gehemmt erweisen, uneinheitlich, in einander widerstreitende Strebungen zerfallen.

Gewiss hat der Eingriff der Kastrationsdrohung in das keimende Sexualleben des Knaben nicht immer diese gefürchteten Folgen. Es wird wiederum von quantitativen Beziehungen abhängen, wie viel Schaden angerichtet und wie viel verhütet wird. Die ganze Begebenheit, in der man wohl das zentrale Erlebnis der Kinderjahre erblicken darf, das größte Problem der Frühzeit und die stärkste Quelle späterer Unzulänglichkeit, wird so gründlich vergessen, dass dessen Rekonstruktion in der analytischen Arbeit auf den entschiedensten Unglauben des Erwachsenen stößt. Ja, die Abwendung geht so weit, dass man jede Erwähnung des verpönten Gegenstandes zum Schweigen bringen will und in seltsamer intellektueller Verblendung die nächstliegenden Mahnungen an denselben verkennt. So hat man den Einwand hören können, die Sage vom König Ödipus habe eigentlich nichts mit der Konstruktion der Analyse zu tun, es sei ein ganz anderer Fall, denn Ödipus habe ja nicht gewusst, dass es sein Vater sei, den er getötet, und seine Mutter, die er geheiratet habe. Man übersieht dabei nur, dass eine solche Entstellung unerlässlich ist, wenn eine poetische Gestaltung des Stoffes versucht wird, und dass sie nichts Fremdes einträgt, sondern nur die im Thema gegebenen

Momente geschickt verwertet. Die Unwissenheit des Ödipus ist die legitime Darstellung der Unbewusstheit, in die für den Erwachsenen das ganze Erlebnis versunken ist, und der Zwang des Orakels, der den Helden schuldlos macht oder schuldlos machen sollte, die Anerkennung der Unerlässlichkeit des Schicksals, das alle Söhne verurteilt hat, den Ödipuskomplex zu durchleben. Als ein andermal von psychoanalytischer Seite darauf aufmerksam gemacht wurde, wie leicht sich das Rätsel eines anderen Helden der Dichtung, des von *Shakespeare* geschilderten Zauderers *Hamlet,* durch die Verweisung auf den Ödipuskomplex lösen lässt, da der Prinz ja an der Aufgabe scheitert, an einem anderen zu strafen, was sich mit dem Inhalt seiner eigenen Ödipuswünsche deckt, da zeigte die allgemeine Verständnislosigkeit der literarischen Welt, wie sehr die Masse der Menschen bereit war, an ihren infantilen Verdrängungen festzuhalten.[10]

Und doch hatte mehr als ein Jahrhundert vor dem Auftauchen der Psychoanalyse der Franzose *Diderot* die Bedeutung des Ödipuskomplexes bezeugt, indem er den Unterschied zwischen Urzeit und Kultur in dem Satz ausdrückte: Si le petit sauvage était abandonné à luimême qu'il conserva toute son imbécillité, et qu'il réunit au peu de raison de l'enfant au berceau la violence des passions de l'homme de trente ans, il tordrait le cou à son père et coucherait avec sa mère. Ich getraue mich zu sagen, wenn die Psychoanalyse sich keiner anderen Leistung rühmen könnte als der Aufde-

---

10 Der Name William Shakespeare ist sehr wahrscheinlich ein Pseudonym, hinter dem sich ein großer Unbekannter verbirgt. Ein Mann, in dem man den Autor der Shakespeareschen Dichtungen zu erkennen glaubt. Edward de Vere, Earl of Oxford, hatte noch als Knabe einen geliebten und bewunderten Vater verloren und sich völlig von seiner Mutter losgesagt, die sehr bald nach dem Tode ihres Mannes eine neue Ehe eingegangen war.

ckung des verdrängten Ödipuskomplexes, dies allein würde ihr den Anspruch geben, unter die wertvollen Neuerwerbungen der Menschheit eingereiht zu werden.

Die Wirkungen des Kastrationskomplexes sind beim kleinen Mädchen einförmiger, doch nicht weniger tiefgreifend. Das weibliche Kind hat natürlich nicht zu befürchten, dass es den Penis verlieren wird, es muss aber darauf reagieren, dass es ihn nicht bekommen hat. Von Anfang an beneidet es den Knaben um seinen Besitz, man kann sagen, seine ganze Entwicklung vollzieht sich im Zeichen des Penisneides. Es macht zunächst vergebliche Versuche, es dem Knaben gleichzutun, und später mit besserem Erfolg Bemühungen, sich für ihren Defekt zu entschädigen, die endlich zur normalen weiblichen Einstellung führen können. Wenn es in der phallischen Phase versucht, sich wie der Knabe durch manuelle Reizung des Genitales Lust zu verschaffen, erzielt es oft keine ihm genügende Befriedigung und dehnt das Urteil der Minderwertigkeit von seinem verkümmerten Penis auf seine ganze Person aus. In der Regel gibt es die Masturbation bald auf, weil es nicht an die Überlegenheit des Bruders oder Gespielen gemahnt werden will, und wendet sich überhaupt von der Sexualität ab.

Wenn das kleine Weib bei ihrem ersten Wunsch beharrt, ein »Bub« zu werden, so wird sie im extremen Fall als manifeste Homosexuelle enden, sonst in ihrer späteren Lebensführung ausgeprägt männliche Züge zum Ausdruck bringen, einen männlichen Beruf wählen u. dgl. Der andere Weg führt über die Ablösung von der geliebten Mutter, der die Tochter unter dem Einfluss des Penisneides nicht verzeihen kann, dass sie sie so mangelhaft ausgestattet in die Welt geschickt hat. Im Groll darüber gibt sie die Mutter auf und ersetzt sie durch eine andere Person als Liebesobjekt, durch den Vater. Wenn man ein Liebesobjekt verloren hat, so ist die nächstliegende Reaktion, dass man sich mit ihm identifiziert, es gleichsam durch Identifizierung von innen her ersetzt. Dieser Mechanismus kommt hier dem kleinen Mädchen zu Hilfe. Die Mutteridentifizierung kann nun die Mutterbindung ablösen. Das Töchterchen setzt sich an die Stelle der Mutter, wie sie es in ihren Spielen immer getan hat, will sie beim Vater ersetzen und hasst nun die vorher geliebte Mutter mit zweifacher Motivierung, aus Eifersucht wie aus Kränkung über den versagten Penis. Ihr neues Verhältnis zum Vater mag zunächst den Wunsch zum Inhalt haben, über seinen Penis zu verfügen, es gipfelt aber in dem anderen Wunsch, von ihm ein Kind zum Geschenk zu bekommen. Der Wunsch nach dem Kind ist so an die Stelle des Peniswunsches getreten oder hat sich wenigstens von ihm abgespalten.

Es ist interessant, dass das Verhältnis zwischen Ödipus- und Kastrationskomplex sich beim Weib so ganz anders, ja eigentlich entgegengesetzt gestaltet als beim Mann. Bei Letzterem, haben wir gehört, macht die Kastrationsdrohung dem Ödipuskomplex ein Ende, beim Weib erfahren wir, dass es im Gegenteil durch die Wirkung des Penismangels in seinen Ödipuskomplex gedrängt wird. Für das Weib bringt es geringen Schaden, wenn es in seiner femininen Ödipuseinstellung (man hat für sie den Namen »Elektrakomplex« vorgeschlagen) verbleibt. Sie wird dann ihren Mann nach väterlichen Eigenschaften wählen und bereit sein, seine Autorität anzuerkennen. Ihre eigentlich unstillbare Sehnsucht nach dem Besitz eines Penis kann zur Befriedigung kommen, wenn es ihr gelingt, die Liebe zum Organ zur Liebe für den Träger desselben zu vervollständigen, wie es seinerzeit beim Fortschritt von der Mutterbrust zur Mutterperson geschah.

Wenn man die Erfahrung des Analytikers befragt, welche psychische Formationen seiner Patienten sich der Beeinflussung am wenigsten zugänglich erwiesen haben, so wird die Antwort lauten: Beim Weib ist es der Peniswunsch, beim Mann die feminine Einstellung zum eigenen Geschlecht, die ja den Penisverlust zur Voraussetzung hat.

Dritter Teil

DER THEORETISCHE GEWINN

VIII. Kapitel

Der psychische Apparat und die Außenwelt

Natürlich sind auch alle die allgemeinen Einsichten und Voraussetzungen, die wir in unserem ersten Kapitel aufgeführt haben, durch die mühselige und geduldige Einzelarbeit gewonnen worden, von der wir im vorstehenden Abschnitt ein Beispiel gegeben haben. Es mag uns nun verlocken zu überschauen, welche Bereicherung unseres Wissens wir durch solche Arbeit erworben und was für Wege für weiteren Fortschritt wir eröffnet haben. Es darf uns dabei auffallen, dass wir so oft genötigt waren, uns über die Grenzen der psychologischen Wissenschaft hinauszuwagen. Die Phänomene, die wir bearbeiteten, gehören nicht nur der Psychologie an, sie haben auch eine organisch-biologische Seite, und dementsprechend haben wir in unseren Bemühungen um den Aufbau der Psychoanalyse auch bedeutsame biologische Funde gemacht und neue biologische Annahmen nicht vermeiden können.

Um aber zunächst bei der Psychologie zu verbleiben: Wir haben erkannt, dass die Abgrenzung der psychischen Norm von der Abnormität wissenschaftlich nicht durchführbar ist, sodass dieser Unterscheidung trotz ihrer praktischen Wichtigkeit nur ein konventioneller Wert zukommt. Wir haben damit das Anrecht begründet, das normale Seelenleben aus seinen Störungen zu verstehen, was nicht gestattet wäre, wenn diese Krankheitszustände, Neurosen und Psychosen spezifische, nach der Art von Fremdkörpern wirkende Ursachen hätten.

Das Studium einer flüchtigen, harmlosen, ja einer nützlichen Funktion dienenden Seelenstörung während des Schlafes hat uns den Schlüssel zum Verständnis der permanenten und dem Leben schädlichen Seelenerkrankungen in die Hand gegeben. Und nun getrauen wir uns zu behaupten, dass die Bewusstseinspsychologie zum Verständnis der seelischen Normalfunktion nicht besser befähigt war als zu dem des Traumes. Die Daten der bewussten Selbstwahrnehmung, die ihr allein zur Verfügung standen, haben sich überall als unzureichend erwiesen, um die Fülle und Verwicklung der seelischen Vorgänge zu durchschauen, deren Zusammenhänge aufzudecken und so die Bedingungen für deren Störungen zu erkennen.

Unsere Annahme eines räumlich ausgedehnten, zweckmäßig zusammengesetzten, durch die Bedürfnisse des Lebens entwickelten psychischen Apparates, der nur an einer bestimmten Stelle unter gewissen Bedingungen den Phänomenen des Bewusstseins Entstehung gibt, hat uns in den Stand gesetzt, die Psychologie auf einer ähnlichen Grundlage aufzurichten wie jede andere Naturwissenschaft, z. B. wie die Physik. Hier wie dort besteht die Aufgabe darin, hinter den unserer Wahrnehmung direkt gegebenen Eigenschaften (Qualitäten) des Forschungsobjektes anderes aufzudecken, was von der besonderen Aufnahmefähigkeit unserer Sinnesorgane unabhängiger und dem vermuteten realen

Sachverhalt besser angenähert ist. Diesen selbst hoffen wir nicht erreichen zu können, denn wir sehen, dass wir alles, was wir neu erschlossen haben, doch wieder in die Sprache unserer Wahrnehmungen übersetzen müssen, von der wir uns nun einmal nicht freimachen können. Aber dies ist eben die Natur und Begrenztheit unserer Wissenschaft. Es ist, als sagten wir in der Physik: Wenn wir so scharf sehen könnten, würden wir finden, dass der anscheinend feste Körper aus Teilchen von solcher Gestalt, Größe und gegenseitiger Lagerung besteht. Wir versuchen unterdes, die Leistungsfähigkeit unserer Sinnesorgane durch künstliche Hilfsmittel aufs Äußerste zu steigern, aber man darf erwarten, dass alle solche Bemühungen am Endergebnis nichts ändern werden. Das Reale wird immer »unerkennbar« bleiben. Der Gewinn, den die wissenschaftliche Arbeit an unseren primären Sinneswahrnehmungen zutage fördert, wird in der Einsicht in Zusammenhänge und Abhängigkeiten bestehen, die in der Außenwelt vorhanden sind, in der Innenwelt unseres Denkens irgendwie zuverlässig reproduziert oder gespiegelt werden können und deren Kenntnis uns befähigt, etwas in der Außenwelt zu »verstehen«, es vorauszusehen und möglicherweise abzuändern. Ganz ähnlich verfahren wir in der Psychoanalyse. Wir haben die technischen Mittel gefunden, um die Lücken unserer Bewusstseinsphänomene auszufüllen, deren wir uns also bedienen wie die Physiker des Experiments. Wir erschließen auf diesem Wege eine Anzahl von Vorgängen, die an und für sich »unerkennbar« sind, schalten sie in die uns bewussten ein, und wenn wir z. B. sagen, hier hat eine unbewusste Erinnerung eingegriffen, so heißt das eben: Hier ist etwas für uns ganz Unfassbares vorgefallen, was aber, wenn es uns zum Bewusstsein gekommen wäre, nur so und so hätte beschrieben werden können.

Mit welchem Recht und mit welchem Grad von Sicherheit wir solche Schlüsse und Interpolationen vornehmen, das bleibt natürlich in jedem Einzelfall der Kritik unterworfen, und es ist nicht zu leugnen, dass die Entscheidung oft große Schwierigkeiten hat, die im Mangel an Übereinstimmung unter den Analytikern zum Ausdruck kommen. Die Neuheit der Aufgabe ist dafür verantwortlich zu machen, also der Mangel an Schulung, aber auch ein dem Gegenstand anhaftendes besonderes Moment, da es sich in der Psychologie nicht immer wie in der Physik um Dinge handelt, die nur ein kühles wissenschaftliches Interesse erwecken können. So wird man sich nicht zu sehr verwundern, wenn eine Analytikerin, die von der Intensität ihres eigenen Peniswunsches nicht genug überzeugt worden ist, dies Moment auch bei ihren Patienten nicht gehörig würdigt. Aber solche Fehlerquellen aus der persönlichen Gleichung haben am Ende nicht viel zu bedeuten. Liest man alte Handbücher der Mikroskopie, so erfährt man mit Erstaunen, welch außerordentliche Anforderungen an die Persönlichkeit des Beobachters am Instrument damals erhoben wurden, als es noch eine junge Technik war, während heute von alledem nicht mehr die Rede ist.

Wir können uns nicht die Aufgabe stellen, hier ein vollständiges Bild des psychischen Apparats und seiner Leistungen zu entwerfen, fänden uns auch durch den Umstand behindert, dass die Psychoanalyse noch nicht Zeit gehabt hat, alle Funktionen gleichmäßig zu studieren. Wir begnügen uns darum bei einer ausführlichen Wiederholung der Angaben in unserem einleitenden Abschnitt. Den Kern unseres Wesens bildet also das dunkle *Es,* das nicht direkt mit der Außenwelt verkehrt und auch unserer Kenntnis nach nur durch die Vermittlung einer anderen Instanz zugänglich wird. In diesem Es wirken die organischen *Triebe,* selbst aus Mischungen von zwei Urkräften (Eros und Destruktion) in wechselnden Ausmaßen zusammengesetzt und durch ihre Beziehung zu Organen oder Organsystemen voneinander differenziert. Das einzige Streben dieser Triebe ist das nach Befriedigung, die von bestimmten Veränderungen an den Organen mithilfe von Objekten der Außenwelt erwartet wird. Aber sofortige und rücksichtslose Triebbefriedigung, wie sie das Es fordert, würde oft genug zu gefährlichen Konflikten mit der Außenwelt und zum Untergang führen. Das Es kennt keine Fürsorge für die Sicherung des Fortbestandes, keine Angst, oder vielleicht sagen wir richtiger, es kann zwar die Empfindungselemente der Angst entwickeln, aber nicht sie verwerten. Die Vorgänge, die an und zwischen den supponierten psychischen Elementen im Es möglich sind *(Primärvorgang),* unterscheiden sich weitgehend von jenen, die uns durch bewusste Wahrnehmung in unserem intellektuellen und Gefühlsleben bekannt sind, auch gelten für sie nicht die kritischen Einschränkungen der Logik, die einen Anteil dieser Vorgänge als unstatthaft verwirft und rückgängig machen will.

Das Es, von der Außenwelt abgeschnitten, hat seine eigene Wahrnehmungswelt. Es verspürt mit außerordentlicher Schärfe gewisse Veränderungen in seinem Inneren, besonders Schwankungen in der Bedürfnisspannung seiner Triebe, die als Empfindungen der Reihe Lust-Unlust bewusst werden. Es ist freilich schwer anzugeben, auf welchen Wegen und mithilfe welcher sensiblen Endorgane diese Wahrnehmungen zustande kommen. Aber es steht fest, dass die Selbstwahrnehmungen – Allgemeingefühle und Lust-Unlustempfindungen – die Abläufe im Es mit despotischer Gewalt beherrschen. Das Es gehorcht dem unerbittlichen Lustprinzip. Aber nicht nur das Es allein. Es scheint, dass auch die Tätigkeit der anderen psychischen Instanzen das Lustprinzip nur zu modifizieren, aber nicht aufzuheben vermag, und es bleibt eine theoretisch höchst bedeutsame, gegenwärtig noch nicht beantwortete Frage, wann und wie die Überwindung des Lustprinzips überhaupt gelingt. Die Erwägung, dass das Lustprinzip eine Herabsetzung, im Grunde vielleicht ein Erlöschen der Bedürfnisspannungen *(Nirwana)* verlangt, führt zu noch nicht gewürdigten Beziehungen des Lustprinzips zu den beiden Urkräften Eros und Todestrieb.

Die andere psychische Instanz, die wir am besten zu kennen glauben und in der wir am ehesten uns selbst erkennen, das sogenannte *Ich,* hat sich aus der Rindenschicht des Es entwickelt, die durch ihre Einrichtung zur Reizaufnahme und Reizabhaltung in direktem Kontakt mit der Außenwelt (der *Realität)* steht. Es hat von der bewussten Wahrnehmung her immer größere Bezirke und tiefere Schichten des Es seinem Einfluss unterworfen, zeigt in seiner festgehaltenen Abhängigkeit von der Außenwelt den untilgbaren Stempel seiner Herkunft. (Etwa wie: made in Germany.) Seine psychologische Leistung besteht darin, dass es die Abläufe im Es auf ein höheres dynamisches Niveau hebt (etwa frei bewegliche Energie in gebundene verwandelt, wie sie dem vorbewussten Zustand entspricht); seine konstruktive, dass es zwischen Triebanspruch und Befriedigungshandlung die Denktätigkeit einschaltet, die nach Orientierung in der Gegenwart und Verwertung früherer Erfahrungen durch Probehandlungen den Erfolg der beabsichtigten Unternehmungen zu erraten sucht. Das Ich trifft auf diese Weise die Entscheidung, ob der Versuch zur Befriedigung ausgeführt oder verschoben werden soll oder ob der Anspruch des Triebes nicht überhaupt als gefährlich unterdrückt werden muss *(Realitätsprinzip)*. Wie das Es ausschließlich auf Lustgewinn ausgeht, so ist das Ich von der Rücksicht auf Sicherheit beherrscht.

Das Ich hat sich die Aufgabe der Selbsterhaltung gestellt, die das Es zu vernachlässigen scheint. Es bedient sich der Angstsensationen als eines Signals, das seiner Integrität drohende Gefahren anzeigt. Da Erinnerungsspuren ebenso bewusst werden können wie Wahrnehmungen, besonders durch ihre Assoziation mit Sprachresten, besteht hier die Möglichkeit einer Verwechslung, die zur Verkennung der Realität führen würde. Das Ich schützt sich gegen sie durch die Einrichtung der *Realitätsprüfung*, die sich im Traum nach den Bedingungen des Schlafzustandes entfalten darf. Gefahren drohen dem Ich, das sich in einer Umgebung von übermächtigen mechanischen Gewalten behaupten will, in erster Linie von der äußeren Realität her, aber nicht allein von dort. Das eigene Es ist eine Quelle ähnlicher Gefahren, und zwar mit zwei verschiedenen Begründungen. Erstens können übergroße Triebstärken das Ich in ähnlicher Weise schädigen wie die übergroßen »Reize« der Außenwelt. Sie können es zwar nicht vernichten, wohl aber die ihm eigene dynamische Organisation zerstören, das Ich wiederum in einen Teil des Es verwandeln. Zweitens mag die Erfahrung das Ich gelehrt haben, dass die Befriedigung eines an sich nicht unerträglichen Triebanspruches Gefahren in der Außenwelt mit sich bringen würde, sodass solcher Art der Triebanspruch selbst zur Gefahr wird. Das Ich kämpft also auf zwei Fronten, es hat sich seiner Existenz zu wehren gegen eine mit Vernichtung drohende Außenwelt wie gegen eine allzu anspruchsvolle Innenwelt. Es wendet die gleichen Methoden der Verteidigung gegen beide an, aber die Abwehr des inneren Feindes ist in besonderer Weise unzulänglich. Infolge der ursprünglichen Identität und des späterhin innigsten Zusammenlebens gelingt es schwer, den inneren Gefahren zu entfliehen. Sie verbleiben als Drohungen, auch wenn sie zeitweilig niedergehalten werden können.

Wir haben gehört, dass das schwache und unfertige Ich der ersten Kindheitsperiode dauernd geschädigt wird durch die Anstrengungen, die ihm auferlegt werden, um sich der dieser Lebenszeit eigentümlichen Gefahren zu erwehren. Gegen die Gefahren, mit denen die Außenwelt droht, wird das Kind durch die Fürsorge der Eltern geschützt; es büßt für diese Sicherung durch die Angst vor dem *Liebesverlust,* der es den Gefahren der Außenwelt hilflos ausliefern würde. Dieses Moment äußert seinen entscheidenden Einfluss auf den Ausgang des Konfliktes, wenn der Knabe in die Situation des Ödipuskomplexes gerät, in der die urzeitlich verstärkte Bedrohung seines Narzissmus durch die Kastration sich seiner bemächtigt. Durch das Zusammenwirken beider Einflüsse, der aktuellen realen Gefahr und der erinnerten phylogenetisch begründeten, bezwungenen, nimmt das Kind seine Abwehrversuche – Verdrängungen – vor, die, für den Augenblick zweckmäßig, sich psychologisch doch als unzulänglich erweisen, wenn die spätere Neubelebung des Sexuallebens die damals abgewiesenen Triebansprüche verstärkt. Die biologische Betrachtung muss dann erklären, das Ich scheitere an der Aufgabe, die Erregungen der sexuellen Frühzeit zu bewältigen, während seine Unfertigkeit es nicht dazu befähigt. In diesem Zurückbleiben der Ichentwicklung gegen die Libidoentwicklung erkennen wir die wesentliche Bedingung der Neurose und können dem Schluss nicht ausweichen, dass sich die Neurose vermeiden ließe, wenn man dem kindlichen Ich diese Aufgabe ersparte, also das kindliche Sexualleben frei gewähren ließe, wie es bei vielen Primitiven geschieht. Möglicherweise ist die Ätiologie der neurotischen Erkrankungen komplizierter, als hier ausgeführt wurde; wir haben dann wenigstens ein wesentliches Stück der ätiologischen Verknotung herausgegriffen. Wir dürfen auch nicht die phylogenetischen Einflüsse vergessen, die irgendwie im Es vertreten sind, in für uns noch nicht fassbaren Formen, und die sicherlich in jener Frühzeit stärker auf das Ich wirken werden als später. Auf der anderen Seite dämmert uns die Einsicht, dass eine so frühzeitig versuchte Eindämmung des Sexualtriebes, eine so entschiedene Parteinahme des jungen Ichs für die Außenwelt im Gegensatz zur Innenwelt, wie sie durch das Verbot der kindlichen Sexualität zustande kommt, nicht ohne Wirkung auf die spätere Kulturbereitschaft des Individuums bleiben kann. Die von direkter Befriedigung abgedrängten Triebansprüche werden genötigt, neue Bahnen einzuschlagen, die zur Ersatzbefriedigung führen, und können während dieser Umwege desexualisiert werden, die Verbindung mit ihren ursprünglichen Triebzielen lockern. Damit greifen wir der Behauptung vor, dass vieles von unserem hochgeschätzten Kulturbesitz auf Kosten der Sexualität, durch Einschränkung sexueller Triebkräfte, erworben wurde.

Wenn wir bisher immer wieder betonen mussten, das Ich verdanke seine Entstehung wie die wichtigsten seiner erworbenen Charaktere der Beziehung zur realen Außenwelt, so haben wir uns vorbereitet anzunehmen, dass die Krankheitszustände des Ichs, in denen es sich dem Es wiederum am meisten annähert, durch Aufhebung oder Lockerung dieser Außenweltsbeziehung begründet sind. Dazu stimmt es sehr gut, dass uns die klinische Erfahrung lehrt, der Anlass für den Ausbruch einer Psychose sei entweder, dass die Realität unerträglich schmerzhaft geworden ist, oder dass die Triebe eine außerordentliche Verstärkung gewonnen haben, was bei den rivalisierenden Ansprüchen von Es und Außenwelt an das Ich die gleiche Wirkung erzielen muss. Das Problem der Psychose wäre einfach und durchsichtig, wenn die Ablösung des Ichs von der Realität restlos durchführbar wäre. Aber das scheint nur selten, vielleicht niemals vorzukommen. Selbst von Zuständen, die sich von der Wirklichkeit der Außenwelt so weit entfernt haben wie der einer halluzinatorischen Verworrenheit (Amentia), erfährt man durch die Mitteilung der Kranken nach ihrer Genesung, dass damals in einem Winkel ihrer Seele, wie sie sich ausdrücken, eine normale Person sich verborgen hielt, die den Krankheitsspuk wie ein unbeteiligter Beobachter an sich vorüberziehen ließ. Ich weiß nicht, ob man annehmen darf, es sei allgemein so, aber ich kann über andere, weniger stürmisch verlaufende Psychosen Ähnliches berichten. Ich gedenke eines Falles von chronischer Paranoia, bei dem nach jedem Eifersuchtsanfall ein Traum die korrekte, völlig wahnfreie Darstellung des Anlasses zur Kenntnis des Analytikers brachte. Es ergab sich so der interessante Gegensatz, dass, während wir sonst aus den Träumen des Neurotikers die seinem Wachleben fremde Eifersucht erraten, hier beim Psychotiker der tagsüber herrschende Wahn durch den Traum berichtigt wurde. Wir dürfen wahrscheinlich als allgemeingültig vermuten, was in all solchen Fällen vor sich ginge, sei eine psychische *Spaltung*. Es bildeten sich zwei psychische Einstellungen anstatt einer einzigen, die eine, die der Realität Rechnung trägt, die normale, und eine andere, die unter Triebeinfluss das Ich von der Realität ablöst. Die beiden bestehen nebeneinander. Der Ausgang hängt von ihrer relativen Stärke ab. Ist oder wird die Letztere die stärkere, so ist damit die Bedingung der Psychose gegeben. Kehrt sich das Verhältnis um, so ergibt sich eine anscheinende Heilung der Wahnkrankheit. In Wirklichkeit ist sie nur ins Unbewusste zurückgetreten, wie man ja auch aus zahlreichen Beobachtungen erschließen muss, dass der Wahn lange Zeit fertig gebildet lag, ehe er manifest zum Durchbruch kam. Der Gesichtspunkt, der bei allen Psychosen eine *Ichspaltung* postuliert, könnte nicht so viel Beachtung in Anspruch nehmen, wenn er sich nicht bei anderen Zuständen, die den Neurosen ähnlicher sind, und endlich bei diesen selbst als zutreffend erwiese. Ich habe mich davon zunächst in Fällen von *Fetischismus* überzeugt. Diese Abnormität, die man den Perversionen zurechnen darf, begründet sich bekanntlich darauf, dass der fast immer männliche Patient die Penislosigkeit des Weibes nicht anerkennt, die ihm als Beweis für die Möglichkeit der eigenen Kastration höchst unerwünscht ist. Er verleugnet darum die eigene Sinneswahrnehmung, die ihm den Penismangel am weiblichen Genitale gezeigt hat, und hält an der gegenteiligen Überzeugung fest. Die verleugnete Wahrnehmung ist aber auch nicht ganz ohne Einfluss geblieben; denn er hat doch nicht den Mut zu behaupten, er habe wirklich einen Penis gesehen, sondern er greift etwas anderes, Körperteil oder Gegenstand, auf und verleiht dem die Rolle des Penis, den er nicht vermissen will. Meist ist es etwas, was er damals beim Anblick des weiblichen Genitales wirklich gesehen hat, oder etwas, was sich zum symbolischen Ersatz des Penis eignet. Nun wäre es unrecht, diesen Vorgang bei der Bildung des Fetischs eine Ichspaltung zu heißen, es ist eine Kompromissbildung mithilfe von Verschiebung, wie sie uns vom Traum her bekannt ist. Aber unsere Beobachtungen zeigen uns noch mehr. Die Schöpfung des Fetischs folgte ja aus der Absicht, den Beweis für die Möglichkeit der Kastration zu zerstören, sodass man der Kastrationsangst entgehen kann. Wenn das Weib einen Penis besitzt wie andere Lebewesen, braucht man für den Fortbesitz des eigenen Penis nicht zu zittern. Nun begegnen wir Fetischisten, die die nämliche Kastrationsangst entwickelt haben wie Nichtfetischisten und in derselben Weise auf sie reagieren. In ihrem Benehmen drücken sich also gleichzeitig zwei entgegengesetzte Voraussetzungen aus. Einerseits verleugnen sie die Tatsache ihrer Wahrnehmung, dass sie am weiblichen Genitale keinen Penis gesehen haben, andererseits erkennen sie den Penismangel des Weibes an und ziehen aus ihm die richtigen Schlüsse. Die beiden Einstellungen bestehen das ganze Leben hindurch nebeneinander, ohne sich gegenseitig zu beeinflussen. Das ist, was man eine *Ichspaltung* nennen darf. Dieser Sachverhalt lässt uns auch verstehen, dass der Fetischismus so häufig nur partiell ausgebildet ist. Er beherrscht die Objektwahl nicht ausschließlich, sondern lässt Raum für ein mehr oder minder großes Ausmaß von normalem Sexualverhalten, ja, er zieht sich selbst manchmal auf eine bescheidene Rolle oder auf eine bloße Andeutung zurück. Die Ablösung des Ichs von der Realität der Außenwelt ist also den Fetischisten niemals vollkommen gelungen.

Man darf nicht glauben, dass der Fetischismus einen Ausnahmefall in Bezug auf die Ichspaltung darstellt, er ist nur ein besonders günstiges Studienobjekt dafür. Wir greifen auf die Angabe zurück, dass das kindliche Ich unter der Herrschaft der Realwelt unliebsame Triebansprüche durch die sogenannten Verdrängungen erledigt. Wir ergänzen sie jetzt durch die weitere Feststellung, dass das Ich in der gleichen Lebensperiode oft genug in die Lage kommt, sich einer peinlich empfundenen Zumutung der Außenwelt zu erwehren, was durch die *Verleugnung* der Wahrnehmungen geschieht, die von diesem Anspruch der Realität Kenntnis geben. Solche Verleugnungen fallen sehr häufig vor, nicht nur bei Fetischisten, und wo immer wir in die Lage kommen, sie zu studieren, erweisen sie sich als halbe Maßregeln, unvollkommene Versuche zur Ablösung von der Realität. Die Ablehnung wird jedes Mal durch eine Anerkennung ergänzt, es stellen sich immer zwei gegensätzliche voneinander unabhängige Einstellungen her, die den Tatbestand einer Ichspaltung ergeben. Der Erfolg hängt wiederum davon ab, welche von beiden die größere Intensität an sich reißen kann.

Die Tatsachen der Ichspaltung, die wir hier beschrieben haben, sind nicht so neu und fremdartig, wie sie zumeist erscheinen mögen. Dass in Bezug auf ein bestimmtes Verhalten zwei verschiedene Einstellungen im Seelenleben der Person bestehen, einander entgegengesetzt und unabhängig voneinander, ist ja ein allgemeiner Charakter der Neurosen, nur dass dann die eine dem Ich angehört, die gegensätzliche als verdrängt dem Es. Der Unterschied der beiden Fälle ist im Wesentlichen ein topischer oder struktureller, und es ist nicht immer leicht zu entscheiden, mit welcher der beiden Möglichkeiten man es im einzelnen Falle zu tun hat. Die wichtige Gemeinsamkeit beider liegt aber im Folgenden: Was immer das Ich in seinem Abwehrbestreben vornimmt, ob es ein Stück der wirklichen Außenwelt verleugnen oder einen Triebanspruch der Innenwelt abweisen will, niemals ist der Erfolg ein vollkommener, restloser, immer ergeben sich daraus zwei gegensätzliche Einstellungen, von denen auch die unterliegende, schwächere zu psychischen Weiterungen führt. Es bedarf zum Schluss nur eines Hinweises darauf, wie wenig von all diesen Vorgängen uns durch bewusste Wahrnehmung bekannt wird.

XI. Kapitel

Die Innenwelt

Wir haben keinen anderen Weg, von einem komplizierten Nebeneinander Kenntnis zu geben, als durch das Nacheinander der Beschreibung, und darum sündigen alle unsere Darstellungen zunächst durch einseitige Vereinfachung und warten darauf, ergänzt, überbaut und dabei berichtigt zu werden.

Die Vorstellung eines Ichs, das zwischen Es und Außenwelt vermittelt, die Triebansprüche des einen übernimmt, um sie zur Befriedigung zu führen, an dem anderen Wahrnehmungen macht, die es als Erinnerungen verwertet, das auf seine Selbsterhaltung bedacht sich gegen überstarke Zumutungen von beiden Seiten her zur Wehr setzt, dabei in all seinen Entscheidungen von den Weisungen eines modifizierten Lustprinzips geleitet wird, diese Vorstellung trifft eigentlich nur für das Ich bis zum Ende der ersten Kindheitsperiode (um 5 Jahre) zu. Um diese Zeit hat sich eine wichtige Veränderung vollzogen. Ein Stück der Außenwelt ist als Objekt, wenigstens partiell, aufgegeben und dafür (durch Identifizierung) ins Ich aufgenommen, also ein Bestandteil der Innenwelt geworden. Diese neue psychische Instanz setzt die Funktionen fort, die jene Personen der Außenwelt ausgeübt hatten, sie beobachtet das Ich, gibt ihm Befehle, richtet es und droht ihm mit Strafen, ganz wie die Eltern, deren Stelle es eingenommen hat. Wir heißen diese Instanz das *Über-Ich,* empfinden sie in ihren richterlichen Funktionen als unser *Gewissen.* Bemerkenswert bleibt es, dass das Über-Ich häufig eine Strenge entfaltet, zu der die realen Eltern nicht das Vorbild gegeben haben. Auch dass es das Ich nicht nur wegen seiner Taten zur Rechenschaft zieht, sondern ebenso wegen seiner Gedanken und unausgeführten Absichten, die ihm bekannt zu sein scheinen. Wir werden daran gemahnt, dass auch der Held der Ödipussage sich wegen seiner Taten schuldig fühlt und sich einer Selbstbestrafung unterwirft, obwohl doch der Zwang des Orakels ihn in unserem wie im eigenen Urteil schuldfrei sprechen sollte. In der Tat ist das Über-Ich der Erbe des Ödipuskomplexes und wird erst nach der Erledigung desselben eingesetzt. Seine Überstrenge folgt darum nicht einem realen Vorbild, sondern entspricht der Stärke der Abwehr, die gegen die Versuchung des Ödipuskomplexes aufgewendet wurde. Eine Ahnung dieses Sachverhaltes liegt wohl der Behauptung der Philosophen und der Gläubigen zugrunde, dass der moralische Sinn dem Menschen nicht anerzogen oder von ihm im Gemeinschaftsleben erworben wird, sondern ihm von einer höheren Stelle eingepflanzt worden ist.

Solange das Ich im vollen Einvernehmen mit dem Über-Ich arbeitet, ist es nicht leicht, die Äußerungen der beiden zu unterscheiden, aber Spannungen und Entfernungen zwischen ihnen machen sich sehr deutlich bemerkbar. Die Qual der Gewissensvorwürfe entspricht genau der Angst des Kindes vor dem Liebesverlust, die ihm die moralische Instanz ersetzt hatte. Auf der anderen Seite, wenn das Ich einer Versuchung erfolgreich widerstanden hat, etwas zu tun, was dem Über-Ich anstößig wäre, fühlt es sich in seinem Selbstgefühl gehoben und in seinem Stolz bestärkt, als ob es eine wertvolle Erwerbung gemacht hätte. In solcher Art setzt das Über-Ich fort, die Rolle einer Außenwelt für das Ich zu spielen, obwohl es ein Stück Innenwelt geworden ist. Es vertritt für alle späteren Lebenszeiten den Einfluss der Kinderzeit des Individuums, Kinderpflege, Erziehung und Abhängigkeit von den Eltern, der Kinderzeit, die beim Menschen durch das Zusammenleben in Familien so sehr verlängert worden ist. Und damit kommen nicht nur die persönlichen Eigenschaften dieser Eltern zur Geltung, sondern auch alles, was bestimmend auf sie selbst gewirkt hat, die Neigungen und Anforderungen des sozialen Zustandes, in dem sie leben, die Anlagen und Traditionen der Rasse, aus der sie stammen. Bevorzugt man allgemeine Feststellungen und scharfe Sonderungen, so kann man sagen, die Außenwelt, in der sich der Einzelne nach der Ablösung von den Eltern ausgesetzt finden wird, repräsentiere die Macht der Gegenwart, sein Es mit seinen vererbten Tendenzen, die organische Vergangenheit und das später hinzugekommene Über-Ich, vor allem die kulturelle Vergangenheit, die das Kind in den wenigen Jahren seiner Frühzeit gleichsam nacherleben soll. Solche Allgemeinheiten können nicht leicht allgemein richtig sein. Ein Teil der kulturellen Erwerbungen hat gewiss seinen Niederschlag im Es zurückgelassen; vieles, was das Über-Ich bringt, wird einen Widerhall im Es wecken; manches, was das Kind neu erlebt, wird eine verstärkte Wirkung erfahren, weil es uraltes phylogenetisches Erleben wiederholt. (»Was du ererbt von deinen Vätern hast, erwirb es, um es zu besitzen.«) So nimmt das Über-Ich eine Art von Mittelstellung zwischen Es und Außenwelt ein, es vereinigt in sich die Einflüsse von Gegenwart und Vergangenheit. In der Einsetzung des Über-Ichs erlebt man gleichsam ein Beispiel davon, wie Gegenwart in Vergangenheit umgesetzt wird. –

Weitere Bücher aus dieser Reihe